本教材受中国政法大学教务处"法哲学与法理论口袋书系列"项目（1011／0111006402）及中国政法大学法学院双一流学科建设资金资助，特此鸣谢！

"法哲学与法理论口袋书系列"教材

雷 磊 ‖ 主编

1965—1985年
法理论的复兴

[德] 埃里克·希尔根多夫／著
(*Eric Hilgendorf*)

—————— 陈 辉◎译 ——————

Die Renaissance der Rechtstheorie
zwischen 1965 und 1985

中国政法大学出版社

2021·北京

1965—1985 年法理论的复兴

**Die Renaissance der Rechtstheorie
zwischen 1965 und 1985
by Eric Hilgendorf**

版权登记号：图字 01-2020-7218 号

总　序

　　"法理学"（Jurisprudenz, jurispru-dence）之名总是会令初学者望而生畏。因为无论是作为法的一般哲学理论的"法哲学"（Rechtsphilosophie, legal philosophy），抑或是作为法的一般法学理论的"法理论"（Rechtsthe-orie, legal theory），虽从地位上看属于法学的基础学科分支，但却往往需要有相当之具体专业知识的积累。在西方法律院校，通常只在高年级开设法哲学和/或法理论课程，法理学家一般情况下也兼为某一部门法领域的专家。有关法的一般性理论研究的专著往往体系宏大、旁征博引，同时也文辞冗赘、晦涩艰深。这些论著大多以具备相关专业知识之法学专业人士为假定受众，非有经年之功无法得窥其门径与奥妙。

中国的法学教育模式与西方有所不同。由于历史和现实的原因，法理学被列为法学专业必修课程的第一门，在大学一年级第一学期开设。统编教材罗列法学基本概念和基本原理，只见概念不见问题、只见枯死的材料不见鲜活的意义，往往使得尚未接触任何部门法知识的新生望而却步，乃至望而生厌。有的法律院校（比如中国政法大学）同时在三年级开设了相关课程，且内容以讲授西方前沿理论为主，却又使得许多学生"不明觉厉"、畏葸不前。除去授课的因素之外，其中很大的一个原因在于，虽然目前我国学术市场已有为数不少以法哲学和法理论为主题的专著和译著，其中也有不少属于开宗立派之作或某一传统中的扛鼎之作，但却缺乏适合本科生群体的微言大义式、通览或概述式的参考读物。

　　有鉴于此，"法哲学与法理论口袋书系列"教材以法学初学者（主要为法学本科生、也包括其他对法理学感兴趣者）为受众，以推广法哲学和法理论的基本问题意识、理论进路和学术脉络为目标，拟从当代西方法哲学与法理论论著中选取篇幅简短的系列小书，裨使法理学更好地担当起"启蒙"和"反思"的双重功能。它的目标，在于让学生更易接近法理学的"原貌"，更能知悉法理学的"美好"，更加明了法理学的"意义"。为了便于读者掌握各本小书的思路、内容与结构，我们在每本小书的前面都加上了由译者所撰的"导读"。

　　德国哲人雅斯贝尔斯（Jaspers）尝言，哲学并不是给予，它只能唤醒。这套小书的主旨也并不在于灌输抽象教条、传授定见真理，而是希望在前人既有思考的基础上唤醒读者自身的问题意识、促发进一步的反省和共思。

雷　磊

2019 年 3 月 20 日

前　言

　　1965 年到 1985 年间，德语法学以"法理论"为旗帜发生了激烈的基础争论（Grundlagendebatten），直到今天它还在改变法律和许多法学家的自我认知。本书的目的在于概览法理论的这次复兴、把握其所拥有的结构并且探究其成效。这种观察整个时代基础导向（grundlagenorientierter）的法学家工作的尝试，不能立即着眼于完备性；问题的选定和衡量反映了作者的兴趣。万不得已时，失败也要力求尽可能高级。

　　本书在"科学的形态要求：对

象、方法、目标——走近 1965 年到 1985 年时期"
（Der Gestaltungsanspruch der Wisenschaft：Gegenstände，
Methoden，Ziele-Annäherungen an die Zeit zwischen
1965 und 1985）这个项目框架下形成，该项目由卡
尔·阿卡姆（Karl Acham）、克努特·沃尔夫冈·尼
尔（Knut Wolfgang Nörr）和贝特哈姆·谢菲尔德
（Bertram Schefold）发起和主持。在此期间两个前
置项目也体现在会议论文中：《帝国与共和国期间的
人文科学——20 世纪国民经济学、法学和社会学的
发展》［Geisteswissenschaften zwischen Kaiserreich
und Republik. Zur Entwicklung von Nationalökonomie，
Rechtswissenschaft und Sozialwissenschaft im 20. Jahr-
hundert，由 K. W. 尼尔、B. 谢菲尔德和 F. 腾布鲁克
（F. Tenbruck）1994 年出版］和《认识盈利、损
失——20 年代至 50 年代间经济学、法学、和社会
学的连续性与中断》（Erkenntnisgewinne，Erkennt-
nisveruste. Kontinuitäten und Diskontinuitäten in den
Wirtschafts-，Rechts-und Sozialwissenschaften zwischen
den 20er und 50er Jahren，由 K. 阿卡姆、K. W. 尼尔
和 B. 谢菲尔德 1998 年出版）。最新的会议论文应
该很快会续上。这三个项目都受到弗里茨·蒂森
基金会的资助。

　　我尤其需要感谢约阿希姆·吕克特（Joachim Rückert）和贝特哈姆·谢菲尔德两位同事批判性的讨论和进一步的建议。

埃里克·希尔根多夫

2004年8月

于维尔茨堡

目录
CONTENTS

法理论时代来临？

——《1965—1985年法理论的复兴》导读

陈　辉

~~~

一、中国法理学的危机与"法理论"概念

海德格尔说真正的科学"运动"是通过修正基本概念的方式发生[1]：一个新概念在学科中的出现，必然对应着新的问题领域，否则这个新概念就是冗余的；相应地，新概念的出现当然意味着学科出现了新的问题或危机，否则新概念就不会出现；而如果这个新概念涉及学科基本概念的修正，则当然意味着学科基本概念的问题和危机。因此，新的基础概念的出现，首先预示了学科出现了内在问题和危机，其次是对新基础的建构和将研究工作转移到新基础的努力。

---

[1]　参见［德］马丁·海德格尔：《存在与时间》（修订译本），陈嘉映、王庆节合译，生活·读书·新知三联书店2006年版，第11页。

当前中国的法理学研究中，有一个概念越来越显示其重要性——"法理论"[2]。这个概念的出现正是针对法理学学科的问题和危机：早在2013年陈景辉教授就指出法理学学科缺乏共识、各个教材体系千差万别以及法理学知识冗余的问题；[3]徐爱国教授2016年《论中国法理学的"死亡"》一文更具体地指出中国法理学学科存在如下问题：其一，我国法理学学科在20世纪末开始有了较大变化，最初主题一贯、逻辑体系化、论证严密的法学基础理论课程已经不复存在；[4]其二，法学共识不存在，课

---

〔2〕 根据知网收录的论文及刊载情况以及学界讨论，关于法理论的探讨在法理学学科中正在形成热度，参见陈景辉：《法理论为什么是重要的——法学的知识框架及法理学在其中的位置》，载《法学》2014年第3期；陈景辉：《法理论的性质：一元论还是二元论？——德沃金方法论的批判性重构》，载《清华法学》2015年第6期；朱振：《描述性法理学与法理论的建构——一个方法论的反思》，载《南京大学法律评论》2016年第1期；朱振：《在中国的西方法理论》，载《师大法学》2017年第1期；雷磊：《法理论及其对部门法学的意义》，载《中国法律评论》2018年第3期；雷磊：《法理论：历史形成、学科属性及其中国化》，载《法学研究》2020年第2期；王凌皞：《实践的两个原理及其法理论意义——以法教义学的法律形而上学辩护为例》，载《浙江社会科学》2020年第5期。

〔3〕 参见陈景辉：《〈法理学〉课程体系的两个难题》，载《中国法学教育研究》2013年第1期，第61~67页。

〔4〕 雷磊对当代中国法理学的发展做过系统的梳理和考察，从作为源头的德国，到苏联对法理学的马克思主义改造，再到新中国成立初期我国对苏联法理学的继受，20世纪八九十年代的反思和突破，以及20世纪90年代以来的开放与创新……这个过程也就是徐爱国教授所说的法理学共识逐渐丧失的过程。参见雷磊：《法的一般理论及其在中国的发展》，载《中国法学》2020年第1期，第5~25页。

程体系极具主观性，沙质化越来越严重；其三，自2014年以来法理学领域法教义学和社科法学的争论和分裂，进一步加重了法理学学科存在的问题。[5]可以看出，陈景辉和徐爱国两位教授提出的问题大同小异，但可能是徐爱国教授使用的"死亡"一词太过刺眼，也可能是法理学界对本学科固有问题的反思已达界点，总之徐文一出，学界震动。"中国法理学到底是生是死"成了众多法理学者关注的重要问题。《中国法律评论》编辑部为此专门组织了一期以"中国需要什么样的法理学"为主题的沙龙，请季卫东、舒国滢、徐爱国、桑本谦、陈景辉、聂鑫、马剑银等学者进行主题讨论。讨论结果是诸学者对法理学学科存在的问题基本达成共识，但是解决的策略却是各有建议。[6]徐爱国教授提出的问题，涉及法理学学科的基础、价值和学科走向，显然不是一次沙龙可以解决。而要让法理学获得新生，学界需要对这些根本问题提出一些系统、可靠的解决路径和策略。"法理论"概念代表的正是解决法理学学科危机的重要路径和方向。

---

〔5〕 参见徐爱国：《论中国法理学的"死亡"》，载《中国法律评论》2016年第2期，第189~197页。

〔6〕 参见季卫东等：《中国需要什么样的法理学》，载《中国法律评论》2016年第3期，第1~20页。

陈景辉教授是较早使用"法理论"概念的学者，他指出法理学常常面临两种怀疑：其一，法律实践者对法理学的怀疑点在于它"缺乏实践效果"；其二，部门法学者对法理学的怀疑是认为其"与部门法知识重合"，从而法理学就是一种"知识冗余"。第一种怀疑针对的不只是法理学自身，而是所有学科的理论问题，因此该种怀疑论上升到了理论和实践的关系问题。而根据赖尔的说法，理论和实践属于两个不同范畴，由于法理学的理论性而称其缺乏实践效果，属于"范畴错误"。第二种怀疑对于法理学来说显得相当致命：因为法理学所包含的话题，例如权利、义务、责任、规则、条文等，通常也是部门法学讨论的对象。此外，由于部门法理论更能契合现行的实在法，所以部门法学反而更能符合法律实践的要求。因此，相对于部门法学，法理学就显得冗余、不具有价值和意义。[7]对于同样的研究对象和主题，法理学在研究内容上如何与部门法学不雷同，有没有区分可能性？陈景辉教授指出，关于法律的理论可以分为实在法理论和规范法理论，实在法理论试图说明实在法（体系）是什么，它为

---

〔7〕 参见陈景辉：《法理论为什么是重要的——法学的知识框架及法理学在其中的位置》，载《法学》2014年第3期，第51~54页。

什么是如此形态以及如何影响世界，而规范法理论则试图告诉我们实在法（体系）应当是什么样子。因此，一个合格的部门法学者，甚至只需围绕实在法理论展开即可，而对于一个好的部门法学者而言，他们努力的目标不仅包括实在法理论，还应向规范法理论努力。但是，一个部门法学者无论如何无法完全摆脱制度的束缚，其工作必须围绕制度支持展开。而法理学者则否，其价值并不以对制度的支持为皈依，在他们看来制度只具备认识或者识别功能。如此，部门法学者即使涉及规范法理论，也是非理想化的规范理论，而法理学者研究的则是理想性规范法理论。更重要的是，法理学是一般法理论，它并不关心特殊的实在法体系，而只是就其中涉及的一般性问题发表看法，而部门法学致力于个别法理论，它尤其关心特殊的实在法体系。而且，部门法学显然需要以作为一般法理论的法理学作为前提条件。[8]但是，留有疑问和争议的是，法理学所研究的一般法理论，是否进一步分为理想化的规范理论和针对规范理论进行研究的后设（元）理论，还是

---

〔8〕 参见陈景辉：《法理论为什么是重要的——法学的知识框架及法理学在其中的位置》，载《法学》2014年第3期，第59~64页。

将这二者都归之于规范理论，存在争议。[9]陈景辉教授采取二元论立场，将理想化的规范理论作为一阶理论，将后设（元）理论作为二阶理论，认为后者是一种价值中立的分析理论，这是一个较为哲学化的讨论领域，所以又被称为"法哲学"。就此而言，法理论包括规范理论和作为二阶理论的法哲学。[10]

朱振教授基本上在相同的意义上使用"法理论"一词。[11]雷磊教授对于"法理论"的界定和思考以部门法学为对照物，在他看来由于部门法学的主体内容都是法教义学，即围绕现行实在法的解释、建构与体系化所展开的学问，因此法理论与部门法学的关系，实际就是法理论与法教义学的关系，据此对法理论的界定如下：其对象主要是基本法律概念；是一门关于实在法的规范学科；是法教义学的总论；致力于对法进行形式—结构的分析以及位于法教义学和相邻学科之间。[12]在此基础上，可以说"法理论

〔9〕 参见陈景辉：《法理论的性质：一元论还是二元论？——德沃金方法论的批判性重构》，载《清华法学》2015年第6期，第5~29页。

〔10〕 参见陈景辉：《法理论为什么是重要的——法学的知识框架及法理学在其中的位置》，载《法学》2014年第3期，第64~67页。

〔11〕 参见朱振：《描述性法理学与法理论的建构——一个方法论的反思》，载《南京大学法律评论》2016年第1期，第23~46页；朱振：《在中国的西方法理论》，载《师大法学》2017年第1期，第61~80页。

〔12〕 参见雷磊：《法理论及其对部门法学的意义》，载《中国法律评论》2018年第3期，第82~96页。

是一门从内部观察者的视角出发，通过研究基本法律概念来致力于法律知识的一般化与体系化的关于实在法的规范学科，包括法的理论与法律科学理论两部分。它对部门法学发挥着体系构造、学说批判和知识筛选功能，构成部门法学之知识和方法的法理"[13]。可以说，雷磊教授主张的法理论概念是陈景辉教授所指的非理想化的规范理论，因为它并不脱离实在法，而是以实在法为皈依。而陈景辉教授所谓的理想化的规范理论，实际上可以说是脱离实在法，进行纯哲学的探讨，因此陈老师认为不区分"法理论"和"法哲学"。

因此，尽管可能受到批评，但是一个界定明确的"法理论"概念及其路径似乎代表了更有可能摆脱法理学危机的立场。[14]一个新概念从出现到争议到被认可再到形成讨论热潮，往往需要一段时间，例如法教义学。[15]当然，关键的问题在于，我们何

〔13〕 雷磊：《法理论：历史形成、学科属性及其中国化》，载《法学研究》2020年第2期，第20页。

〔14〕 有学者明确批评"法理论"概念和内涵过于狭窄，参见屠凯：《发现儒家法理：方法与范畴》，载《法制与社会发展》2020年第3期，第52页。

〔15〕 法教义学可以说是当前学界最热门的话题之一，而专题探讨法教义学的文献，在中国知网搜索，检索到的最早的是2006年焦宝乾和武秀英两位老师的论文。但是法教义学概念真正获得认可并且在学界形成讨论热潮是近几年的事情，根据知网统计，从2015年起每年以"法教义学"为主题的论文多达百篇。

以对"法理论"概念和路径如此充满信心？根本的原因在于，像法教义学一样，"法理论"概念及其路径在德国早已经证明了其有效性，通过对"法理论"概念在德国法学中的发展与演变的考察，我们可以为"法理论"概念和路径在中国法理学的发展前景提供更多的期待和信心。

对于"法理论"在德国的发展及其对德国法学的影响和作用，德国法学家埃里克·希尔根多夫（Eric Hilgendorf）教授的《1965—1985 年法理论的复兴》一书对此提供了一番全景式、简明扼要但是明晰可靠的描述、分析和阐述。埃里克·希尔根多夫是当代德国著名法学家，拥有图宾根大学哲学、现代史和法学学士学位以及图宾根大学的双博士学位；他于 2001 年调任维尔茨堡大学，任刑法、刑事司法、法律理论、信息与计算科学法系系主任，并于 2010 年到 2012 年任法学院院长。其研究兴趣领域还包括医事刑法与生物伦理。《1965—1985 年法理论的复兴》一书虽是以 1965 年至 1985 年这第三波法理论发展浪潮为目标，但是追根溯源，对前两次法理论的发展浪潮都有较好的观察、归纳和分析，可以说，对"法理论"在德国的起源、发展、高潮进行了全方位展现，该书尤其对 1965 年至 1985 年德国法理论最繁荣时期的十多家法理论讨论场域有高度凝练的总结，对于法理论的学科性质、价值、贡献和局限等有相当深度的思考。

二、"法理论"的性质与内涵

"法理论"一词相对应的德语是"Rechtstheorie"，[16]郑永流教授在翻译阿图尔·考夫曼（Arthur Kaufmann）的《当代法哲学和法律理论导论》时将该词译为"法律理论"。[17]根据考夫曼的考察，法理论[18]大约于20世纪中叶以后才在德国法学界用于指法学中的一个专门学科，并且这门学科与19世纪至20世纪初的"一般法学说"（Allgemeinen Rechtslehre）基本相同。[19]对此，希尔根多夫有更详细的说明：当人们试图超越法教义学的既有范围时，作为改革旗帜的"法理论"就出现了。在这个意义上，

---

〔16〕 参见雷磊：《法理论及其对部门法学的意义》，载《中国法律评论》2018年第3期，第83页。

〔17〕 参见［德］阿图尔·考夫曼、温弗里德·哈斯默尔主编：《当代法哲学和法律理论导论》，郑永流译，法律出版社2002年版，第11页。

〔18〕 虽然郑永流将"Rechtstheorie"一词翻译为"法律理论"，但是为了便于统一表述和理解，在本文中统称为法理论。

〔19〕 参见［德］阿图尔·考夫曼、温弗里德·哈斯默尔主编：《当代法哲学和法律理论导论》，郑永流译，法律出版社2002年版，第11页。在这个意义上，我们可以说法理论的更古老称呼是"一般法学说"。参见雷磊：《法理论：历史形成、学科属性及其中国化》，载《法学研究》2020年第2期，第21页。

德国经历了三波"法理论"大潮，18—19世纪是第一波，强调"理论"。第二波以"一般法学说"的形式从19世纪末开始出现。在此期间，"法理论"开始被强调和使用。汉斯·凯尔森（Hans Kelsen）、莱昂·狄骥（Leon Duguit）和弗兰茨·维尔（Franz Weyr）于1926年创建《法理论国际期刊》，其第一卷提出从此以后法理论的纲领性原理如下：

> 当从"法理论"而不是法哲学角度论述时，应予说明的是，对于人们通常习惯于首先在"法哲学"之名义下寻求其纯理论解决办法的那个问题：正义、正确、公平、自然或绝对法的问题，不应被涵括在新期刊所致力于的研究范围内……其工作领域是那个应该并且意图只作为一种实证法理论的法理论。[20]

法理论的概念和定义就此明确：所谓法理论，就是关于实证法的理论，它区别于与实证法无涉的、以纯粹探讨正义、公正、公平等为内容的法哲学。但是，法理论的探讨并不就此阻碍了法哲学的发展，它们是互动。而且，"法理论的发展过程可以表述为

---

〔20〕 Internationale Zeitschrift fuer Theorie des Rechts, Jg. 1 （1926/27）, Vorwort, S. 3.

一个言简意赅的公式：从法哲学到法理论并且又回到法哲学。"[21] 据此，显然法理论和法哲学的区分是明显的，法理论围绕实证法展开，而法哲学则不受实证法局限。

第三波"法理论"大潮从 1965 年至 1985 年。在此期间，法理论的概念和内涵变得更加丰满，但也更具多样性和差异，各学者强调的重点开始不同：

> 法理论被定义为"实证主义、教义性理解的法秩序之结构理论"，被定义为"法律在法体系中身份的反映"，但也被定义为"法的科学理论"。在其任职哥廷根大学"一般法理论"教席就职首次大课（Antrittsvorlesung）"什么是以及为何是一般法理论？"中，拉尔夫·德莱尔（Ralf Dreier）将 70 年代中期法理论的特性描述为"在更严格的意义上检验相关学科的信息（尽管是经验的和理论的）对于法学之重要性的边界学科（Grenzpostendisziplin）"。[22]

---

〔21〕 Eric Hilgendorf, Die Renaissence der Rechtstheorie zwischen 1965 und 1985, Ergon Verlag, Wuerzburg, 2005, S. 15.

〔22〕 Eric Hilgendorf, Die Renaissence der Rechtstheorie zwischen 1965 und 1985, Ergon Verlag, Wuerzburg, 2005, S. 15.

对此，需要指出的是：其一，尽管存在多样性和差异，但是各学者对于法理论概念的探讨并没有脱离第二波大潮中确立的纲领性原理——关于实证法的理论；其二，围绕实在法展开的理论变得越来越丰富，即学者们从各个学科中汲取理论资源作为方法和手段以展开对实证法的研究。因此，跨学科似乎变成了法理论发展的趋势，按照德莱尔的说法，法理论甚至成为引进其他学科理论以检验法学之重要性的"边界学科"。换言之，法理论学者们可以引进哲学、政治学、伦理学、社会学等各学科的理论来展开对实证法的分析和研究。第三波大潮的到来与法理论这种跨学科趋势具有很大的关联。

1965年至1985年法理论最重要的讨论场域包括法律修辞学、法律诠释学、法律论证理论、法律中的商谈哲学、法律的科学理论、法律与社会科学、系统理论、马克思主义法理论、政治的法理论、纯粹法理论、法律逻辑学与道义逻辑、法律信息学等。[23]这些场域的讨论可以说直接造就了法理论二十年的繁荣，每一个讨论场域的展开都利用了其他学科的知识和方法——修辞学、诠释学、论证理论、商谈

---

〔23〕 Vgl. Eric Hilgendorf, Die Renaissance der Rechtstheorie zwischen 1965 und 1985, Ergon Verlag, Wuerzburg, 2005, S. 35–66.

哲学、科学理论、社会学、政治学、逻辑学……概言之，作为"边界学科"，这个阶段的法理论显示出两个特性：一个特性，即它建立了与其余社会与人文科学方法论的繁荣之关联；[24]另一个特征是其明显的国际化和跨学科化，尽力超越传统的法律科学主题领域。[25]

然而，需要指出的是，随着越来越多的学科理论和方法涌入法理论，法理论本身也受到了冲击：从其他学科中涌入法学的信息膨胀导致"普遍的方向迷失"。随着理论越来越多、越来越复杂，"关于实证法的理论"这个看似明确的框架也变得虚幻——法律修辞学、法律诠释学、法律论证理论、法律中的商谈哲学、法律与社会科学、系统理论、政治的法理论、法律的信息学等之间无论在概念、知识还是方法使用上，都很少具有相同性。如此，法理论是否还能够作为一门学科，或者它已经可以作为其他学科的附属学科而存在——例如法律诠释学作为哲学诠释学的附属理论，法律和社会科学作为社会学的附属理论——就成了一个问题。至少，当我们都说

---

〔24〕 Vgl. Eric Hilgendorf, Die Renaissance der Rechtstheorie zwischen 1965 und 1985, Ergon Verlag, Wuerzburg, 2005, S. 31.

〔25〕 Vgl. Eric Hilgendorf, Die Renaissance der Rechtstheorie zwischen 1965 und 1985, Ergon Verlag, Wuerzburg, 2005, S. 32.

在做法理论研究，我做法律诠释学研究，而你做法律与社会科学研究，他做系统理论研究，彼此之间没有交流和共识可能性时，法理论概念和研究就会变得越来越虚幻。

问题的关键在于法理论要把握自己作为一门法学"边界学科"的特性，即法理论既是"法学性"又是"边界性"。因此，不能把法理论与部门法学的学科标准相提并论，无论如何部门法学是相对纯粹的法学学科，而非"边界学科"。诚如德莱尔指出，"法理论早已经分散在许多分支学科中，除了'经典'法律方法论，例如在法人类学、道义逻辑（de-ontische Logik）、法律语言学以及法信息学中。"[26]鉴于法理论诸多讨论场域的纷繁复杂，因此他建议区分法理论的分析路径与现实主义—社会学路径："分析路径包括对实证法及其基本问题的逻辑—概念研究，而社会学路径探究对逻辑—分析路径而言重要的经验问题。"[27]无论是分析路径还是社会学路径，都围绕实证法及其基本问题展开。因此，我们可以看到法理论虽然分散在诸多学科的知识和方法

〔26〕 Eric Hilgendorf, Die Renaissence der Rechtstheorie zwischen 1965 und 1985, Ergon Verlag, Wuerzburg, 2005, S. 15.

〔27〕 Eric Hilgendorf, Die Renaissence der Rechtstheorie zwischen 1965 und 1985, Ergon Verlag, Wuerzburg, 2005, S. 15.

之外，但还是围绕实证法这个核心。令人遗憾的是，即使这个核心也遭受威胁：

> 当德莱尔将法理论的任务确定为至少原则上"构想出一门作为科学理论的正确法理论"时，他还扩展了法理论的主题领域（Themenbereich）。据此存在这种可能性："道德理论以及因此还有正义问题，亦即古典法哲学与社会哲学的核心问题，回归了科学领域。"无论人们想要将这样的理论描绘成"法理论"还是"法哲学"，纯粹是个术语问题。[28]

法理论作为法学"边界学科"，如何在利用跨学科的优势的同时又避免失去法学属性而沦为其他学科的附属，显然是法理论必须面对和解决的问题。

三、通过法理论的法理学新生：更理论化和跨学科

以张文显教授为代表的学术群体认为当前中国法理学产生问题和危机的根本原因在于中国共识性

〔28〕 Eric Hilgendorf, Die Renaissence der Rechtstheorie zwischen 1965 und 1985, Ergon Verlag, Wuerzburg, 2005, S. 15.

的"法理"[29]概念并未形成。[30]因此，要解决法理学危机的当务之急就是凝聚"法理"共识，形成以"法理"为核心的法理学。张文显教授发起"法理研究行动计划"，就是一种在法理学界和部门法学界凝聚"法理"共识的努力。以"法理"概念为核心凝聚共识，重塑法理学科的问题在于：既然共识需要重塑，显然目前关于法理的理解各异，至少目前没有共识。如此，以法理概念为核心的路径可能无法首先从界定法理概念的内涵和外延出发，因为法理概念的内涵和外延是共识的目标，如此这种路径的努力方向只能是寻求凝聚法理共识的路径。这里的问题在于，在对法理并没有共识的情况之下，各种

---

〔29〕 从2017年张文显教授发表在《清华法学》第4期的《法理：法理学的中心主题和法学的共同关注》一文开始，"法理"一词引发学界关注。随后张文显教授发起的"法理研究行动计划"，陆续在苏州大学、中南大学、南开大学、浙江大学、上海交通大学、华东政法大学、华南理工大学、中南财经政法大学、山东大学、吉林大学、厦门大学、宁波大学、中国政法大学等学校召开了例会，截止到2019年已经举办14次例会。无论参会人数还是会议内容，都相当广博。可以说将"法理"这个概念和使用迅速推广、引发学界热议。

〔30〕 张文显教授指出，"总体上看，我国法理学的'法理'意识还不够强，把'法理'作为法理学研究对象和中心主题的认识比较模糊，至今还没有形成理论自觉。'法理'还没有名正言顺地进入法理学研究的中心位置，在法理学知识体系、理论体系和话语体系中，'法理'事实上处于缺席或半缺席的状态。这正是中国法理学被诟病的要害问题之所在。"参见张文显：《法理：法理学的中心主题和法学的共同关注》，载《清华法学》2017年第4期，第12页。

发现或"提炼"法理的路径或方式有没有可能凝聚共识并不清楚,它们只是单纯指出了一些能够"提炼"法理的方式。[31]因此,要凝聚法理共识就不得不存在一个前提:我们至少应该在法理概念上存在一些共识,否则很可能自说自话。对此,张文显教授指出:"尽管传统中国的'法理'概念其内涵与现代的'法理'概念存在一定的学术差异,但从基本含义上来说,作为法律条文背后蕴含的观念、规律、价值追求及正当性依据,它们相差无几。"[32]胡玉鸿教授指出,法理的核心含义指"法律基本原理"。[33]王奇才指出法理是法律的内在根据,即"法理是法律的内在原理和内在规律,为法律的存在、运行及效力提供正当性、合理性根据"[34]。这几位学者对于法

〔31〕 这方面的典型文章,例如邱本:《如何提炼法理?》,载《法制与社会发展》2018年第1期,第5~16页;丰霏:《如何发现法理?》,载《法制与社会发展》2018年第2期,第5~19页;胡玉鸿:《法理的发现及其类型——清末变法大潮中的法理言说研究之二》,载《法制与社会发展》2020年第3期,第5~36页;张守文:《经济法中的法理及其类型化》,载《法制与社会发展》2020年第3期,第37~49页;屠凯:《发现儒家法理:方法与范畴》,载《法制与社会发展》2020年第3期,第50~64页;杨子潇:《经验研究可能提炼法理吗?》,载《法制与社会发展》2020年第3期,第207~224页。

〔32〕 张文显:《法理:法理学的中心主题和法学的共同关注》,载《清华法学》2017年第4期,第15页。

〔33〕 参见胡玉鸿:《民国时期法律学者"法理"观管窥》,载《法制与社会发展》2018年第5期,第5页。

〔34〕 参见王奇才:《作为法律之内在根据的法理》,载《法制与社会发展》2019年第5期,第5~21页。

理的界定大同小异，在很宽泛的意义上给与了法理一个基本界定。但是，这种界定又将问题抛回到原点：法律基本原理也好，法律条文或法律背后的正当性依据、规律也罢，如此宽泛而形式化的共识，本就是法理学危机的根源。众多学者在如此理解的法理基本内涵之下，很有可能还是自说自话。

　　"共识"显然是一个学科必要的前提，没有这个前提大家都自称某个学科的学者就缺乏正当性。学科"共识"的达成似乎不是一朝一夕的事情，因此，现在说"法理研究行动计划"的目标不现实似乎言之过早。但是，我们可以指出"法理研究行动计划"可能存在的方法问题：现在的共识只有"法理"这个概念，学者对于其特征、内涵、价值等的论述五花八门，共识如何凝聚？在学者们运用哲学、政治学、社会学、伦理学等诸多知识和方法来阐明自己所谓的法理的情形下，共识是有可能的吗？诚如康德所说："理性只会看出它自己根据自己的策划所产生的东西，它必须带着自己按照不变的法则进行判断的原理走在前面，强迫自然回答它的问题，却绝不只是仿佛让自然用襻带牵引而行；因为否则的话，那些偶然的、不根据任何先行拟定的计划而作出的观察就完全不会在一条必然法则中关联起来了，但这条法则却是理性所寻求且需要的"〔35〕。因此，为了避免偶然性、多样性的问题，凝聚共识，我们首先要确立共识的框架，在此基础上才可能沿着共识之路前进，否则任何努力都难见成效。

德国"法理论"在这方面树立了非常好的榜样——当第二波"法理论"大潮中，法理论被确定为"关于实证法的理论"这个框架之后，所有关于法理论的讨论都围绕这个共识展开，一切有关法理论的探讨都以这个共识为核心。此外，还需要指出的是，各个学科需要的共识可能不一样，例如部门法学科，由于其主要围绕法典展开教义学研究，其内容和主题显然具有高度共识。但是，作为教义学的"元理论"，法理论是否有必要、有可能做到部门法学的共识程度？首先，就必要性而言，法理论似乎并不需要部门法学这种高度共识。以德国法教义学的发展为例，1965—1985年德国第三波"法理论"大潮的形成恰恰是由多达跨越12门学科的场域构成，我们很难想象，法律修辞学者会认同法律逻辑学者的方法和立场，法律诠释学者对于法律论证理论、实证主义法学的方法和立场的认可程度相比也极其

---

〔35〕 〔德〕康德：《纯粹理性批判》，邓晓芒译，人民出版社2004年版，"第二版序"第13页。

有限……然而，这众多几乎达不成共识的法理论讨论场域非但没有让法理论解体，反而促进和呈现了法理论二十年的繁荣时期。[36]其次，就可能性而言，作为"边界学科"的法理论之特性与价值恰恰在于其不像部门法学那样具有高度的共识。毋宁，可以说法理论的价值恰恰在于其"边界性"，在于其知识、方法和手段的多样性，换言之，通过各种法理论知识和方法，法理论为部门法学提供了丰富的知识、工具和手段。需要指出的是，如果说多达12门的法理论讨论场域没有给德国法理论带来危机，那么法教义学和社科法学的冲突恰如德国法理论分析路径和社会学路径的分歧那样，反而使得法理论学科变得更加丰富。

因此，中国法理学危机的解决首先需要确立共识框架，而不是等待凝聚共识。当然，确立共识框架不是盲目和独断的，不能随意指定某个框架。德国在法理论方面的先行经验给我们提供了经验和借鉴——法理学可以通过法理论获得共识框架，在这个基础上展开法理学诸多理论场域的讨论和研究，如此法理学的危机可迎刃而解。

最后需要解决的是陈景辉教授提到的法理学

---

〔36〕 Vgl. Eric Hilgendorf, Die Renaissence der Rechtstheorie zwischen 1965 und 1985, Ergon Verlag, Wuerzburg, 2005, S. 34-66.

"知识冗余"的问题。法理学如何避免与部门法学知识重合从而变得冗余，显然需要为法理学划定独特的研究领域，部门法学不能与之相重合。陈景辉教授给出的答案是法理学者研究理想化的规范理论。但是，理想化的规范理论属于一般理论，并不以实证法为核心。如此则法理论的共识框架被打破，也正因为如此陈景辉教授并不区分法理论和法哲学。

于是，衍生出相应的问题：法理论的共识框架能否被打破，如何能维系法理论的共识框架？对于这两个问题的回答，我们还得退回到法理论知识领域的问题。希尔根多夫教授指出："为了能够取代传统的方法理念和合法化模型，法理论提高抽象化水平或求助于相关学科。它因此以理论化和跨学科为目标。"[37]法理论的目标之所在亦是其价值所在，希尔根多夫这个论断至少包含两重意思：其一，法理论的目标是取代传统的方法理念和合法化模型，换言之法理论相对于部门法学的贡献恰恰在于其方法和模型的创新。如果说以教义学为主的部门法学在知识和方法创新上具有先天不足的话，那么作为"边界学科"的法理论恰恰能够较好的承担改革的使

---

〔37〕 Eric Hilgendorf, Die Renaissence der Rechtstheorie zwischen 1965 und 1985, Ergon Verlag, Wuerzburg, 2005, S. 74.

命，充当改革的旗帜。[38]其二，法理论进行创新或改革方式是提高抽象化水平或求助于相关学科。这一点又可以形成两种路径：要么法理论通过提高理论的抽象化水平来形成自己独特的研究领域，与部门法区分；要么法理论求助于相关学科，引进相关学科的知识来形成自己独特的研究领域。在前一种路径中，法理论由于抽象化的需要，不可避免地要冲破"关于实证法的理论"这个壁障，走向更一般化的理论，即陈景辉教授所谓的"理想化的规范理论"。因此，希尔根多夫强调："在过去200年的法律基础讨论中，'法理论'概念被作为新开端的代号被使用。基础导向的新人（Neuerer）利用它从（当时）已建立的法哲学中脱离出来。随着时间的流逝，新的理念再次统一到法哲学中，一直到下一个法理论浪潮出现。这种相互关系的简便法则能够表达为：从法哲学到法理论并且再次返回。"[39]法理论的角色在被定为改革的代号时，其作用和价值是清楚的，但是一旦改革成功，接下来它与法哲学的区分和定

〔38〕 正如希尔根多夫教授指出："在过去200年的法律基础讨论中，'法理论'概念被作为新开端的代号被使用。"Vgl. Eric Hilgendorf, Die Renaissence der Rechtstheorie zwischen 1965 und 1985, Ergon Verlag, Wuerzburg, 2005, S. 74.

〔39〕 Eric Hilgendorf, Die Renaissence der Rechtstheorie zwischen 1965 und 1985, Ergon Verlag, Wuerzburg, 2005, S. 74.

位就不是那么清晰了："由于法理论与法哲学之间发展的相互关联，在历史的和概念之间并不存在明确区分，而是一个移动的过渡"[40]。法理论的这种前后变化并不令人意外，无论如何法理论以追求真理和正确性为目标，而获取真理和正确性的方法和知识是打破学科局限的。

在后一种路径中，求助于相关学科的可能性是，如对法学有益都可以汲取，如此各种学科的知识和方法就可以蜂拥至法理论。对于这种跨学科的方式，希尔根多夫有过探索，在其著作《德国刑法学：从传统到现代》中，他纵横开阖，深入分析和探讨互联网与计算机、医学、生物学、经济学等领域与法学之关联。[41]

---

〔40〕 Eric Hilgendorf, Die Renaissence der Rechtstheorie zwischen 1965 und 1985, Ergon Verlag, Wuerzburg, 2005, S. 74.

〔41〕 参见〔德〕埃里克·希尔根多夫：《德国刑法学：从传统到现代》，江溯、黄笑岩等译，北京大学出版社 2015 年版。

一、60 年代晚期语境下的法理论[*]

9　　对 1965 年与 1985 年间法理论的发展只作一个相对深入的概览之任务，存在许多困难。正如稍后要阐明的，这首先涉及一个对于法学基础争论来说非同寻常的改革时期，这个时期不止给法学思想，而且给整个德国科学理论基础研究都带来了根本性变革。由于时间距离太近，将重要的和不那么重要的东西、值得保留的和仅仅是过渡阶段的东西区分开来并且明确其标志性的发展路线，非常难。类型化和体系化的每次尝试首先面临一种不应过分简化的怀疑。那个时期权威作者中的多数人在今天以令人印象深刻的方式还如此活跃，以至于无论如何无法做出最终判断。无需强调的是，鉴于如此复杂多样的主题，最终作者视野（不可避免受到限制的）对

---

　　[*] 本书中所提及的年代，如无特别说明，皆为 20 世纪，后文不再赘述。

问题选择与衡量产生了特别的作用。

此外，要报道的这个时段恰好是二十年，它作为"共和国的重构"[1] 时代创造了历史。出乎许多人意料，60 年代中期根本性改变联邦德国政治和社会的抗议浪潮开始形成。这次运动的原因、表现形式以及结果在此无法深入探究。[2] 但是渴望改革的时代精神与法律思维的改革之间存在紧密关联，此种关联在这里应该在"法理论的复兴"旗帜下加以处理。1965 年与 1985 年间的法理论史因此也必须考虑文化和政治环境。[3] 改革要求绝不是只与实证法

10

〔1〕 M. Görtemaker, Geschichite der Bundesrepublik Deutschland. Von der Gründung bis zur Gegenwart, 1999, S. 475.

〔2〕 对此例如 Görtemaker（本部分脚注 1），S. 475-596；K. D. Bracher, Politik und Zeitgeist. Tendenzen der 70er Jahre, in: ders., W. Jäger, W. Link, Republik im Wandel, 1969-1974; Die Ära Brandt, 1986, S. 283-406; D. Thräenhardt, Geschichite der Bundesrepublik Deutchland 1949-1990. Erweiterte Neuausgabe 1996, S. 67-185; speziell zur "68er-Bewegung" I. Gilcher-Holtey, Die 68er Bewegung. Deutchland-Westeuropa-USA, 2001; B. Stöver, Die Bundesrepublik Deutchland, 2002, S. 88-102；对于政治动机的恐怖主义及其与当代史的相的互关联总还是值得一读的 J. Becker, Hitler's Children. The Story of the Baader-Meinhof Gang, 1977. U. 赫伯特（U. Herbert）在一个全面社会自由化的文化史进程中尝试归类 60 年代至 70 年代，自由化作为学习过程。Die Bundesrepublik in der deutschen Geschichte, in: ders. (Hg.), Wandelungsprozesse in Westdeutschland. Belastung, Integration, Liberalisierung 1945-1980, 2002, S. 7-49 (mit umfassender Bibliographie auf S. 516-577).

〔3〕 大量的材料在 H. 斯特芬（H. Steffen）的文集《联邦共和国的社会》（Die Gesellschaft der Bundesrepublik）1970 年第 1 册、1971 年第 2 册以及（部分已经回顾性的）J. 哈贝马斯（J. Habermas）主编的《"时代

（例如在性犯罪法或堕胎法领域）的明显改变相关，也与法律思维对新问题和方法的开放有关。此外，1933年以后那个时期的解释被指控为狂热的同时也是可疑的。在法理论的旗帜下一个新时代的要求应该得到满足。1965年至1985年间，法理论的功能尤其在斡旋于蜂拥而至的政治与科学的时代精神与仍然是传统导向的法律科学和实践。

1965年至1985年这个报道时段可以划分为许多阶段：大约从1960年开始的起始阶段以及从60年代中叶一直持续到大约70年代中叶的主要阶段。几乎所有根本性的新方法都在这个阶段形成并且在一定程度上通过热烈的讨论防止批判。在大约从70年代中叶开始的晚期阶段，过去十年法理论的改革被系统化并且在教科书中被总结出来。[4]阐释的风格还是学院式的。各个最初以政治为导向的思潮陷入宗派主义。

然而，最重要的区分是内容方面的：当在60年代晚期和70年代早期除了意识形态批判之外，主要是逻辑—概念的问题位于中心，从70年代中期开始，法律和道德的可信度、法律的"正确"或"正义"的

的精神处境"纲要》（Geistigen Situation der Zeit）第2卷，1979年版。

　　〔4〕　典型的例子是R. 阿列克西（R. Alexy）1978年出版的《法律论证理论》（Theorie der juristischen Argumentation）。

规范性问题再一次受到重视。规范性问题的这种回头
（Rueckwendung）也是在"恢复实践哲学名誉"[5]的
影响下发生的，这不久之前在专业哲学中被公布并
且就那方面而言从根本上受到美国哲学，尤其是约
翰·罗尔斯（John Rawls)[6] 哲学的启发。在 80 年 11
代下半叶，法理论浪潮由于新的问题（例如来自生
命伦理学或生态学领域）而出现。当法理论的晚期
阶段在很大程度上还涉及规范性问题时，现在对相
对具体的个别问题的讨论重新出现。

研究现状提示

对 20 世纪 60 年代至 90 年代德国法哲学的最详
尽的解读来自 J. E. 赫格特（J. E. Herget）1996 年出
版的《当代德国法哲学》（Contemporary German Legal
Philosophy）。被视为法理论的方法在其中被详细讨
论。此外，还参见 A. 欧乐罗（A. Ollero）的《法律
科学和哲学——德国的基本讨论》（Rechtswissenschaft
und Philosophie. Grundlagendiskussion in Deutschland,

---

〔5〕　M. Riedel（Hg.），Rehabilitierung der praktischen Philosophie，
Bd. 1：Geschichte，Probleme，Aufgaben，1972；Bd. 2：Rezeption，Argumen-
tation，Diskussion，1974.

〔6〕　J. Rawls，A Theory of Justice，1971；deutsch unter dem Title
"Eine Theorie der Gerechtigkeit"，1975.

1978 年版）。然而，从参与者的视角看 U. 诺依曼（U. Neumann）1986 年出版的《法律论证理论》（Juristische Argumentationslehre）相当具有启发；此外还参见他的《法哲学与法理论新论》（Neuere Schriften zur Rechtsphilosophie und Rechtstheorie），载于《哲学评论》（Philosophische Rundschau）1981 年第 28 期，第 189～216 页；《1945 年以来德国法哲学》（Rechtsphilosophie in Deutschland seit 1945），载于 D. 西蒙（D. Simon）编的《波恩共和国法律科学——法学科学史研究》（Rechtswissenschaft in der Bonner Republik. Studien zur Wissenschaftsgeschichte der Jurisprudenz, 1994 年版），第 145～187 页；他概括性的《1945 年以来德国法哲学》，载于 R. 德莱尔（R. Dreier）等编的《自然与历史之间的法律和政治》（Law and Politics Between Nature and History，第 17 届国际法哲学与社会哲学协会世界大会论文集，1998 年版），第 267～283 页；A. 考夫曼（A. Kaufmann）的《后现代法哲学》（Rechtsphilosophie der Nach-Neuaeit，1990 年版，1992 年第 2 版）。更简短的概括参见 R. 德莱尔的《当代德国法哲学主流》（Hauptströmungen gegenwärtiger Rechtsphilosophie in Deutschland），载于《法哲学和社会哲学文汇》（ARSP）1995 年第 85 期，第 155～163 页；E. 希尔根多夫的《统一德国法哲

学》（Rechtsphilosophie im vereinigten Deutschland），载于《哲学评论》（Philosophische Rundschau）1993年第 40 期，第 1~33 页。关于法理论的大量提示存在于 D. 西蒙的《法律思维的重大转折》（Zäsuren im Rechtsdenken），载于 M. 布霍扎特（M. Broszat）编的《1945 年以后的重大转折——德国战后史分期论》（Zäsuren nach 1945. Essays zur Periodisierung der deutschen Nachkriegsgeschichte，1990 年版），第 154~167页。R. 阿列克西（R. Alexy）、R. 德莱尔与 U. 诺依曼主编的于 1991 年出版的《当前德国法律哲学和社会哲学——定位文集》（Rechtsund Sozialphilosophie in Deutschland heute. Beiträge zur Standortbestimmung，《法哲学和社会哲学文汇》附刊 44）是一套富有启发的自述（Selbstdarstellungen）文集。作为"外在视角"（从民主德国哲学的视角），H. 克雷勒（H. Klenner）编的《法哲学》（Rechtsphilosophie），载于 M. 布尔（M. Buhr）编的《19 世纪和 20 世纪公民哲学大全》（Enzyklopädie zur bürgerlichen Philosophie im 19. und 20. Jahrhundert，1988 年版），第 361~373（366 页以下）页，令人感兴趣。

对于 1945 年至大约 1960 年时期的方法论而言，根本的是 J. 吕克特（J. Rückert）的《1945 年以后法律方法讨论的持续与间断》（Zu Kontinuitäten und

Diskontinuitäten in der juristischen Methodendiskussion nach 1945），载于 K. 阿卡姆（K. Acham）、K. W. 尼尔（K. W. Nörr）、B. 谢菲尔德（B. Schefold）编的《知识的获得、遗失——20年代与50年代之间经济、法律与社会科学的持续与间断》（Erkenntnisgewinne, Erkenntmisverluste. Kontinuitäten und Diskontinuitäten in den Wirtschafts-, Rechts- und Sozialwissenschaften zwischen den 20er und 50er Jahren，1998年版），第113~165页。就法理论而言，更缺乏可用性的是 P. 海石（P. Raisch）的《法律方法——从古罗马到当代》（Juritische Methoden. Vom antiken Rom bis zur Gegenwart，1995年版第四部分"当前法律方法"）。相反，许多进一步的提示通过如下得以发现：K. F. 吕乐（Röhl）的《一般法理论教科书》（Allgemeine Rechtslehre. Ein Lehrbuch，2001年第2版）；J. 吕克特（Rükkert）编的《萨维尼以来新民法方法论的状况与陷阱》（Fälle und Fallen in der neueren Methodik des Zivilechts seit Savigy，1997年版）以及 B. 吕特斯（B. Rüthers）的《法理论》（Rechtstheorie，1999年版）。至于民主德国法理论的发展，参见 D. 约瑟夫（D. Joseph）载于《国家与法》（Staat und Recht）1990年第39期第515~522页的同名论文；K. A. 莫乐劳（K. A. Mollnau）的《社会主义法理论》（Rechtstheorie，sozilistische），载于 H. J. 桑德库乐（H. J. Sandkühler）编的《欧洲哲学和科学大全（第 4 卷）》（Europäische Enzyklopädie zu Philosophie und Wissenschaften，Bd. 4，1990 年版），第 84～87 页。

回忆和纪念文集（通常也包括受人尊敬者的书目） 12 是各个作者进行研讨的一个重要来源。此外，有影响力的法理论家的论文集也有提及，例如 H. 阿尔伯特的《精选文章读本》（Lesebuch Ausgewählte Texte，2001 年版）；K. 阿朵迈特（K. Adomeit）的《规范逻辑—方法论—法政治学：1970—1985 年法理论文集》（Normlogik-Methodenlehre-Rechtspolitologie. Gesammelte Beiträge zur Rechtstheorie 1970-1985）；R. 阿列克西的《法、理性、商谈：法哲学研究》（Recht，Vernunft，Diskurs. Studien zur Rechtsphilosophie，1995 年版）；R. 德莱尔的《法—道德—意识形态：法理论研究》（Recht-Moral-Ideologie. Studien zur Rechtstheorie，1981 年版）；R. 德莱尔的《法—国家—理性：法理论研究 2》（Recht-Staat-Vernunft. Studien zur Rechtstheorie 2，1991 年版）；K. 恩吉施（K. Engisch）的《法理论文集》[Beiträge zur Rechtstheorie，P. 柏克曼（P. Bockelmann）、A. 考夫曼和 U. 克卢格（U. Klug）主编，1984 年版]；O. 魏因伯格（O. Weinberger）的《道德与理性：伦理学、正义理论以及规范逻辑文集》（Moral und Vernunft. Beiträge zur Ethik, Gerechtigkeitstheorie und Normenlogik，1992 年版）。法理论这场革新运动的发生部分与紧密联系专业哲学（Fachphilosophie）有关。对此最全面的概览出自 A. 格雷瑟（A. Graeser）的《当代哲学之定位：从实用主义到后现代主义》（Positionen der Gegenwartsphilosophie. Vom Pragmatismus bis zur Postmoderne，2002 年版）。法兰克福学派的影响，就法理论而言在文化史上尤其富有意义，对此可参见 C. 阿尔布雷希特（C. Albrecht）等主编的广博著作——《联邦共和国的理智根基：法兰克福学派的效果史》（Die intlektuelle Gründung der Bundesrepublik. Eine Wirkunggeschichte der Frankfurter Schule，1999 年版，2000 年修订学生版）。

二、作为改革代号的"法理论"

1. 法理论在德国的发展史

13

法律科学，套用凯尔森（Kelsens）的话，它"作为只习惯于缓慢而蹒跚前进的、偏离精神中心的偏远领域"[1]，尽可能努力对其相关学科的发展作出回应并且借鉴新的理念。法学家中的保守主义者有相当深的基础。法律适用的一致性和连续性是法律的核心要求。如果时代精神或政治的预定规划（Vorgaben）突然改变，那么在既定的教义学结构范围内法律实践的这种根本转变只有通过大量的努力才能被把握。[2]

---

[1] Reine Rechtslehre, 2. Aufl. 1960, S. IV (Vorwort).

[2] 不确定法律概念和一般条款首先作为新思想的缓冲和进入关口，正如本德·吕特斯（Bernd Rühthers）在"第三帝国"这个例子中展现的那样；参见本德·吕特斯的《无限制的解释：国家社会主义私法制度的变迁》（Die unbegrenzte Auslegung. Zum Wandel der Privatrechtsordnung im Nationalsozialismus, 1967 年版，1997 年第 5 版）。

033

法教义学连同其规范前提、概念规定以及论证规则之体系对法学家而言不构成其行动的纯粹外在框架，而是被高度地内化并且对法律思想产生了影响。疏远实践的预定规划的法律科学家不会再被它接受。法律科学，尤其是以应用为导向的法律科学，基于这些理由已经是一门特别有惯性力（Beharrungskraft）的学科。

　　当人们超越惯常的法教义学范围时，根本性的科学改革——在过去 200 年的法律科学发展中人们几乎不能谈论科学革命——在法学中才得以实施。当人们通过立法忽略新教义学预先规定之以前少数情形时，这一方面能通过这种方式抽象地进行，另一方面通过诉诸其他科学学科的方式出现。两种方式在过去 200 年的法律科学中一再以"法理论"为旗帜，18 世纪至 19 世纪是其第一次转折。[3] 约阿希姆·吕克特（Joachim Rückert）认为，"理论"在 19世纪初成为改革的一个提示词，[4] 一个可能针对过去 200 年全部法理论史的诊断。

14

　　〔3〕 详细可参见 A. Brockmöller, Die Entstehung der Rechtstheorie im 19. Jahrhundert in Deutschland, 1997.

　　〔4〕 J. Rückert, Heidelberg um 1804 oder: die erfolgreiche Modernisierung der Jurisprudenz durch Thibaut, Savigny, Heise, Martin, Zachariae u. a. , in: F. Strack（Hg.）, Heidelberg im säkularen Umbruch. Traditionsbewusstsein und Kulturpolitik um 1800, 1987, S. 83-116（95）.

法理论的第二波大潮以"一般法学说"（"All-gemeinen Rechtslehre"）形式从 19 世纪末开始形成。尤其值得一提的是阿道夫·默克尔（Adolf Merkel）的《一般法学说要素》[Elemente einer allgemeinen Rechtslehre，这些要素是弗兰茨·冯·霍尔茨朵夫（Franz von Holtzendorff）出版的《法律科学大全》（Enzyklopädie der Rechtswissenschaft）之序幕[5]]、1894 年至 1917 年五次发行的恩斯特·鲁多夫·比尔林（Ernst Rudolf Billing）的《法律原则理论》（Juristische Prinzipienlehre）以及 1904 年特奥多尔·斯滕伯格（Theodor Sternberg）的《一般法学说》（Allgemeine Rechtsleher）。1948 年第二次出版的汉斯·纳维斯基（Hans Nawiasky）的《一般法学说》（Allgemeinen Rechtslehre）中断了这个传统。通过凯尔森及相关支持者，《纯粹法理论》（Reinen Rechtslehre）的形成及其传播被视为法理论第二波大潮的支脉。其特殊性在于法律实证主义与马克斯·韦伯（Max Werber）的价值无涉理论（Wertfreiheitspostulat）的结合。[6] 凯尔森的首部大作《国家法理论的主要问

---

〔5〕 5. Auflage（1890），S. 1-44.

〔6〕 就此可参见 E. Hilgendorf, Zum Begriff des Werturteils in der Reinen Rechtslehre, in: C. Jabloner/F. Stadler（Hg.），Logischer Empirismus und Reine Rechtslehre. Beziehungen zwischen dem Wiener Kreis und der Hans-Helsen-Schule, 2001, S. 117-135（124ff.）.

题》（Hauptprobleme der Staatsrechtslehre）1911 年出版；1933 年凯尔森被国家社会主义者强制放逐。在此期间，汉斯·凯尔森、莱昂·狄骥和弗兰茨·维尔于 1926 年创建了《法理论国际期刊》（Internationale Zeitschrift für Theorie des Rechts），其第一卷提出从此以后法理论的纲领性原理如下：

> "当从'法理论'而不是法哲学角度论述时，应予说明的是，对于人们通常习惯于首先在'法哲学'之名义下寻求其纯理论解决办法的那个问题：正义、正确、公平、自然或绝对法的问题，不应被涵括在新期刊所致力于的研究范围内……其工作领域是那个应该并且意图只作为一种实证法理论的法理论。"〔7〕

第三波以及目前最后一波法理论大潮涵盖 1965 年至 1985 年这个要报道的时间段（Berichtszeitraum）。法理论三次"浪潮"的说法不应该意味着几次浪潮之间不存在法理论的著作。19 世纪早期以来法理论成为研究方向，虽然对于其研究对象、与法哲学以及法学基础理论的其他方向的界限从未达成一致。

---

〔7〕 Internationale Zeitschrift für Theorie des Rechts, Jg. 1 （1926/27），Vorwort, S. 3.

但是"浪潮"的隐喻意图表明，法理论研究极其
热烈。

15

从法哲学到法理论并且再回到法哲学似乎是一
个发展趋势，亦即最初属于法哲学的规范性问题和
方法论立场，在根本性改革争论时代作为"法理论"
范围内的问题被提了出来，但是随后慢慢地又转移
到了法哲学，直到法哲学大规模地将法理论主题一
体化。一个新的法理论浪潮从基础导向的改革阶段
开始，这个阶段通常与新一代研究者的出现相伴随。
"法理论"因此是一个法律科学改革的代号。法理论
的发展过程可以表述为一个言简意赅的公式：从法
哲学到法理论并且又回到法哲学。

2. "法理论"学科的内容与问题

如果这个发展假设是正确的，那么它可以解释
为什么"法理论"的详细内容能够获得如此高程度
的一致性。要报道的时间段恰好富含最多种多样的
概念规定。法理论被定义为"实证主义、教义性理
解的法秩序之结构理论"，[8] 被定义为"法律在法

---

　　〔8〕　A. Podlech, Architektonik einer möglichen Rechtstheorie, in: Re-
chtstheorie 7 (1976), S. 1-21 (2). 在这篇文章第 18 页，波德勒西
（Podlech）对法理论的可能主题给出了一个提纲挈领的简略概览。

体系中身份的反映",[9] 但也被定义为 "法的科学理论"。[10] 在任职哥廷根大学 "一般法理论" 教席的首次大课（Antrittsvorlesung）"什么是以及为何是一般法理论?" 中，拉尔夫·德莱尔将 70 年代中期法理论的特性描述为 "在更严格的意义上检验相关学科的信息（尽管是经验的和理论的）对于法学之重要的边界学科（Grenzpostendisziplin）"[11]。他指出，法理论早已经分散在许多分支学科中，除了16 "经典" 法律方法论，例如在法人类学、道义逻辑（deontische Logik）、法律语言学以及法信息学中。[12]

在同一时期法学基础研究大力推进的跨学科中，德莱尔显然看到的不只是好处：从其他学科中涌入法学的信息膨胀导致 "普遍的方向迷失"。[13] 他因

---

〔9〕 G. Roellecke, Theorie und Philosophie des Rechts, in: ders. (Hg.), Rechtsphilosophie oder Rechtstheorie? 1988, S. 1 unter Berufung auf N. Luhmann, Selbstreflexion des Rechtssystems. Rechtstheorie in gesellschafts-theoretischer Perspektive, in: ders., Ausdifferenierung des Rechts. Beiträge zur Rechtssoziologie und Rechtstheorie, 1981, S. 419, 446.

〔10〕 这也是如下著作的导论文章的标题: J. Klüver, J. -M. Schmidt und F. O. Wolf, in: Rechtstheorie. Beiträge zur Grundlagendiskussion, hg. von G. Jahr und W. Maihofer, 1971, S. 1-10.

〔11〕 In: ders., Recht, Moral, Ideologie. Studien zur Rechtstheorie, 1981, S. 17-47（25）. 续卷 1991 年以如下标题出版: "法、国家、理性: 法理论研究 2"。

〔12〕 Ibid.

〔13〕 《什么是以及为何是一般法理论?》（Was ist und wozu Allgemeine Rechtstheorie? 脚注 11）, 第 26 页。

此建议区分法理论的分析路径与现实主义——社会学路径。当其目的在于使"法学作为实践科学从概念法学的束缚中摆脱"[14]时,法理论的社会学路径形成。它与法社会学并不相同,但是关系可能极为密切。当德莱尔将法理论的任务确定为至少原则上"构想出一门作为科学理论的正确法理论"[15]时,他还扩展了法理论的主题领域(Themenbereich)。据此存在这种可能性:"道德理论因此还有正义问题,亦即古典法哲学与社会哲学的核心问题,回归了科学领域。"[16]无论人们想要将这样的理论描绘成"法理论"还是"法哲学",这纯粹是个术语问题。

如果人们将德莱尔的结构化建议(它很好地与上述发展预设协调一致)作为基础,那么法理论内部将被区分为两个路径或研究支脉:分析路径包括对实证法及其基本问题的逻辑——概念研究,而社会学路径探究对逻辑——分析路径而言重要的经验问题。人们也能从"法律与社会科学"这个研究领域进行讨论。许多相关著作围绕法律中的后果导向(Folgenorientierung)问题展开。法社会学的通道是流动

---

〔14〕 A. a. O., S. 21.

〔15〕 A. a. O., S. 28 f.

〔16〕 A. a. O., S. 28.

的，因此"法学门前的社会学"这个箴言在 70 年代成为老生常谈并不令人惊讶。[17] 与严格意义上的逻辑—概念的和社会学的法理论相对的是广义的法理论，它也试图以科学手段回答经典的法学规范理由和正义问题。

17

在我看来，这个关联中有两个问题要特别强调：一方面，正如这个概念在此应该被使用一样，"法理论"不得与法律方法论相等同。法理论的范围相当广泛，因为理论上它包含所有法律基本问题。另一方面，所有法律方法理论不得被轻易归入法理论，因为只有以理论为方向的学术方法论对法理论改革敞开大门。此外，存在一股"实践的"、主要应用导向的（primär anwendungsorientierten）方法论的大潮流，在其中案件的实践解决法律手段被系统性地得到整理。这通常涉及见习律师和未来法官的指导手册（Anleitungsbücher）。这应用导向的方法论几乎没有被 1965 年至 1985 年间的法理论改革运动领会。

需要特别强调的另外一个要点涉及法理论研究的范围与特性。不应忽视的是，在此作为基础的德莱尔式的法理论重述尤其宽泛。但这与真正令人惊讶的 1965 年至 1985 年间法理论蓝图之膨胀与多样化

---

〔17〕 Vgl. Unten S. 47 ff.

相符合。无论如何，20 世纪初以来似乎已经典型与
严格意义的法理论[18]相关并且可能与法理论改革功
能相联的三个特征包括：①叙述、分析和说明（即
韦伯意义上的价值无涉）的限制趋势；②对传统的
（通常指自然法的）法哲学的（并不少见论战式的说
明之）否定；③对支持自己新方法的专业外之理念
与认知的援引，这是一种大力推进的跨学科化趋势。

3. 法理论的可接受性问题 18

看起来法理论作为科学学科存在的典型问题与法
理论的这种重述一致[19]：正如刚才所示，许多法理论
家都是科学价值无涉原则的拥趸。因此他们反对作为
科学家轻易给出一般道德或政治问题之评价。这种姿
态绝不与价值盲目（Wertblindheit）、道德敌视（Moral-
feindschaft）或一种完全无视道德的信仰等同。[20] 价

〔18〕 与此相反，广义上的法理论概念如此宽泛，以至于全部法哲学
都能被涵括在内。因此广义上的法理论其实就是法学基础研究的同义词。

〔19〕 代表性批判例如参见 H. -P. Schneider, Rechtstheorie ohne
Recht? Zur Kritik des spekulativen Positismus in der Jurisprudenz, in: Mensch
und Recht. Festschrift für Erik Wolf zum 70. Gerburstag, hg. von A. Hollerbach,
W. Maihofer und T. Würtenberger, 1972, S. 108-136; K. -L. Kunz, Die ana-
lytisch Rechtstheorie: Eine "Rechts" -theorie ohne Recht?, 1977.

〔20〕 E. Hilgendorf, Das Problem der Wertfreiheit in der Jurisprudenz,
in: ders., L. Kuhlen （Hg.）, Die Wertfreiheit in der Jurisprodenz. Konstanzer
Begegung: Dialog zwischen der Juristischen Faktultät der Universität Konstanz
und Richtern des Bundesgerichtshofs, 2000, S. 1-32 （2）.

值无涉的预设目的在于，在某种关系中认真区分事实确定和自己政治或道德评价。[21] 评价对于科学的重要性，没有任何价值无涉原则的辩护人否认。此外，对于深入研究道德或法政治学基本问题并且试图通过科学的方法正当化某些内容的决断，任何法理论者都兴趣不大。

根据汉斯·阿尔伯特的观点[22]，价值无涉问题分为四个部分：①价值判断在其中发生的系统能够被描述为"科学的"吗？（定义问题）②价值判断的意义是什么？它与事实陈述的差别在哪里？（逻辑—概念问题）③价值判断在科学中是必不可少的吗，或者人们能够放弃它？（方法论问题）④讲台上的科学家可以（或干脆：应该）不止阐述其学科的事实，也作政治或道德评价以及作为科学家与提出的政治日常问题相关？（道德问题）

19

第四个分问题，即讲台评价（Kathederwertung）

---

〔21〕 M. Weber, Der Sinn der "Wertfreiheit" der soziologischen und ökonomischen Wischenschaft (1917)，援引自 Max Wber, Gesammelte Aufsätze zur Wissenschaftslehre, hg. von J. Winckelmann, 7. Aufl. 1988, S. 489-540 (500). 对于法律部分指出，这终究涉及"非常琐碎的要求"："研究者与叙述者无论如何应该说明经验事实的确定……及其实践评价，亦即这种事实……作为令人愉快的或不令人愉快的判断，在这个意义上即'评价的'观点，因为这就关系到不同的问题。"

〔22〕 H. Albert, Das Werturteilsproblem im Licht der logischen Analyse, in：Zeitschrift für die gesamte Staatswissenschaft Bd. 112 (1956), S. 410-439 (413) (mit anderer Reihung).

问题，通常是（上述）解读的核心。对于许多法理
论家来说如下信念是标志性的（kennzeichnend）：人
们必须要明确科学家何时阐明科学事实以及何时进
行评价。如此，发表自己意见的可能性决不能被排
除。但是，要严格区分科学描述的说明和自己评判
的观点，在法学领域就是对有效法律的论述与有待
形成的法律（即应然法）的论述。将问题指向"法
的价值无涉"这个共同基础也是错误的。没有任何
价值无涉预设的拥趸曾经怀疑，法律以政治评价为
基础并且因此在概念基础方面不可能价值无涉。有
问题的并不是法律的价值无涉，而是法律科学的价
值无涉。由于这方面和那方面的误解与误信，对法
理论价值无涉的批判成为无稽之谈。用"价值意识
的"（"wertbewußten"）代替"价值无涉的"法理
论，当然可能会少一些误解。[23]

　　看起来典型针对法理论家的第二个观点，通过
其强调的跨学科化开始：跨学科关联能够跨出不同
的广度并且进行至完全不同的水平。这也适用于法
理论的跨学科努力。有时对法理论的承认似乎不再
意味着接受时髦词汇，如"系统""交往行为""商

---

〔23〕　So der Verschlag ven K. F. Röhl, Allgemeine Rechtslehre, 2. Aufl.
2001, S. 153.

谈""类推""诠释学循环""前理解"或者"理性
化"。这种词汇的使用能够给予自己的陈述以哲学身
份特色,而无需在内容上用任何一种方式加以确
认。[24] 但是作为唬人手段的哲学术语装饰决不会限
于法理论,在传统法哲学中同样可以发现,在那里
例如"康德"的名字通常直接被用作任何类型法哲
学问题的入场券。法理论正好通过强调其论证的精
确性与内容的合逻辑性为如下做出贡献:在今天法
20 律的主要争论中一种高要求的论证风格相当普遍地
被接受。

针对法理论的第三个偏见是,作为一种类型,
人们将它作为未来法教义学家的青年病(Ju-
gendkrankheit):无论如何只要他全神贯注于真正重
要的问题(即法教义学的),在还没有积累足够的专
业鉴赏力和实践生活经历时,导致自己学科根基的
(自然)努力有一段时间会排挤教义学工作的职责。
实际上法理论似乎主要是晚近的(jüngeren)、改革
派研究者拥有的一种研究路径。许多法律科学家通
过集中注意力于法哲学或法学方法论问题开始其职
业生涯,但是后来明显失去对于它们的兴趣。在这

---

〔24〕 对于作为合法证明标签的哲学家语录之使用,也可参见 Hil-
gendorf, Moralphilosophie und juristisches Denken, in: ARSP 1996, S. 397–
415 (411).

方面他们与大多数法律实践者一致。许多法学家果断坚持某种在其青年时学到的方法论态度和论证，不愿意考虑修正其根本信念。基础问题的研究充其量是一个星期天和节假日谈论的主题。法理论或法哲学的论证从一开始就作为对专业不熟悉的、有时甚至作为"非法学的"在真正的法教义学背景中被排除。[25]

法理论家最晚自凯尔森以来一再遭遇的这种理论敌视，以一种误解为基础：任何法律适用在原则上是被方法指引（methodengeleitet），而这些方法绝不可能只从制定法中产生。此外，同样无法从立法者获得的内容上的先决条件也为法律工作（juristische Arbeit）所接受。法学家在他们的法学社会化期间学会其规范知识、方法。法律工作之内容上的先决条件、某种"价值态度"（"Werthaltungen"）以及特定的前理解，常常来源于前法学的日常生活（vorjuristischen Alltag）。但是当法律适用始终以某些方法与价值态度为先决条件时，将这些前提条件和规范加以详尽说明、系统地对它们进行研究和批判，必定也是可以的。这恰好属于法理论的根本任务。许多法

---

〔25〕 许多70年代和80年代的法理论家必定获得了这个经历，例如作为法教义学教科书的作者，当他们着手将法理论与法教义学关联起来的时候。实践中只在很少的情形下接受这样的著作。

学家对法理论的否定只是一个证明：他们不想或者没
有能力知晓自己工作（Arbeit）的基础并且对其进行
批判性检验。

三、1965—1985 年法理论的繁荣

1. 法理论与 60 年代早期思想的重新定位

　　1965 年与 1985 年间法理论繁荣的原因各式各样。其复兴只是 60 年代初以来德国经历的思想彻底重新定位的一部分。

　　法理论与一般思想的时代发展相关联之里程碑是 1963 年至 1970 年出版的"伏尔泰俱乐部"之《批判启蒙运动年鉴》（Jahrbuch für kritische Aufklärung）。出版者是政论家格哈德·施切斯尼（Gerhard Szczesny）。许多风格迥异的作者，如汉斯·阿尔伯特、鲁多夫·卡尔纳普（Rudolf Carnap）、汉斯·马格努斯·恩岑伯格（Hans Magnus Enzensberger）、保罗·菲尔阿本德（Paul Feyerabend）、君特·格拉斯（Günter Grass）、阿尔多斯·胡克斯莱（Aldous Huxley）、埃

利希·卡斯特纳（Erich Kästner）、卡尔·洛维特
（Karl Löwith）、路德维希·马库斯（Ludwig Marcuse）、
亚历山大·米特里希（Alexander Mitscherlich）、卡
尔·波普尔（Karl Popper）、恩斯特·托庇茨（Ernst
Topitsch）以及马丁·瓦尔瑟（Martin Walser），为年
鉴写作。在这个杰出的圈子里，法学家有弗里茨·
鲍尔（Fritz Baur）[《刑法上的过错》（Die Schuld im
Strafrecht）]、阿德勒贝特·伯德勒西（Adalbert
Podlech）[《联邦德国存在良知自由与宗教自由吗?》
（Besteht in der Bundesrepublik Gewissens－und Reli-
gionsfreiheit?）] 以及维纳·迈霍菲（Werner Maihofer）
[《因为东西社会演变之青年人的反抗》（Die Revolte
der Jugend für die Evolution der Gesellschaften in Ost
und West）与《社会主义社会规划与民主国家宪法》
（Sozialistischer Gesellschaftentwurf und demokratische
Staatsverfassung）]。其余的文章来自完全不同的领
域，从自然科学到社会与人文科学再到教育学、文
学批判、社会哲学与科学哲学。大多数文章都是关
于一个久已延误的思想新起点之构想、[1] 对传统立
场之批判性的刨根问底以及一种对跨学科的反思。

---

[1] Vgl. auch H. W. Richter, Bilanz-Ein Nachwort, in: ders. (Hg.),
Bestandsaufnahme. Eine deutliche Bilanz 1962, 1962, S. 562-571 (565).

许多人强调一种与传统形而上学以及学院派基督教信仰（Schulchristentums）相对的新人文主义思维之必要性；他们拒绝各种方式的教义学（Dogmatismus）并且乞用自由论证（freien Argumentes）的力量。

以其文章《批判理性理念》（Die Idee der Kritischen Vernunft）作为年鉴系列的开幕，阿尔伯特谈及在德国几乎被遗忘或低估的传统之再发现："批判性思维与批判性论辩的传统，没有偏见的分析和对直观、评价、权威与制度的检验"。[2] 据此在 60 年代早期人们感觉到了思想觉醒的第二个重要动机，即重启被国家社会主义者逐出德国（以及在 50 年代被广泛忽视）之思潮。这包括知识理论中的经验主义和非形而上学的批判主义、在政治哲学中尤其古老的法兰克福学派[3]、批判理论与早前左翼导向的民主自由主义的古老传统。

然而，在 60 年代再次在德国立足之最重要的哲学思潮是分析哲学。它形成于被国家社会主义者驱逐出奥地利和德国的逻辑经验主义（维也纳与柏林

22

---

〔2〕 H. Albert, Die Idee der kritischen Vernunft. Zur Problematik der rationale Begründung und des Dogmatismus, in: Jahrbuch für kritische Aufklärung I（1963）, S. 17-30（18）.

〔3〕 Dazu C. Albrecht u. a.（Hg.）, Die intellektuelle Gründung der Bundesrepublik. Zur Wirkungsgeschichte der Frankfurter Schule, 1999, korrigierte Studienausgabe 2000.

的圈子）哲学家与美国实用主义的联系〔4〕。被视为逻辑经验主义主题的，一方面包括通过语言分析的方式进行的形而上学批判，〔5〕另一方面包括以自然科学为核心的科学理论。维也纳圈子（Wiener Kreises）与法律基础争议的关联几乎不存在。更密切的关联甚至连凯尔森也不能证实。费雷克斯·考夫曼（Felix Kaufmann），一个不仅与凯尔森的圈子也与逻辑经验主义圈子关联密切的人，对法学产生值得称道的影响之前就过早去世了。无论如何人们可以说，实践哲学的问题也在维也纳圈子中发挥了作用。〔6〕此外，该圈子的许多成员活跃在奥地利社会民主制的政治意图中。在他们转移之后，分析哲学首先在流亡中失去了其社会批判的动力，在德语国家再次引进之后它也只是部分得以复苏。

法理论的复兴主要受到实证主义争论以及从60年代早期到80年代社会科学基础争论确定的分析之

---

〔4〕 这个关联更详细的描述参见 E. Hilgendorf, Zur Philosophie des frühen logischen Empirismus. Ein Problemaufriß, in：ders. （Hg.）, Wissenschaftlicher Humanismus. Texte zur Moral- und Rechtsphilosophie des frühen logischen Empirismus, 1998, S. 378-414.

〔5〕 在此一个先驱者是语言哲学家弗里茨·毛特纳（Fritz Mauthner, 1849-1923）, vgl. E. Leinfellner/H. Schleichert （Hg.）, Fritz Mauthner. Das Werk eines kritischen Denkers, 1995.

〔6〕 最重要的文章集中在本部分脚注4所述的那卷。

影响而产生。[7] 实证主义的争论从一开始就存在许多主题的不确定性问题：如果批判理性主义（波普尔、阿尔伯特）之首要目的在于经验研究方法的问题，其对手［阿多诺、哈贝马斯（Adorno, Habermas）］则为一种区别于经验学科之"诠释学的"科学模型辩护。议会民主制、波普尔的"开放社会"追随者与新马克思主义社会模式（正如它当时被哈贝马斯与法兰克福学派的其他追随者所要求的那样）的代言人之间（真正的、但是通常也只是信以为真）的政治差异也牵涉其中。

23

批判理性主义的立场最终获得普遍认同。在 80 年代哈贝马斯尤其越来越坚定地脱离其老套的马克思主义导向之前提并且开始主张追随新时代精神的"左翼自由"（"linksliberale"）立场，它很快被认为与波普尔和阿尔伯特所勾勒的"开放社会"模式类似而产生混淆。早先倾向于法兰克福理论家的赫伯特·施纳德巴赫（Herbert Schnädelbach）因此提出了

---

［7］ 概述参见 E. Hilgendorf, Hans Albert zur Einfuehrung, 1997, S. 29 ff.；深入的分析参见 H. -J. Dahms, Positivismusstreit. Die Auseinandersetzungen der Frankfurter Schule mit dem logischen Positivismus, dem amerikanischen Pragmatismus und dem kritischen Rationalismus, 1994, S. 267 ff.

"法兰克福"已经"失败"的命题。[8] 这个表述（它将该阐释一定程度上近乎好斗的特性再次展现），虽然可能与事实相符，但是不应掩饰的是，那时大众媒体中的批判理论正如今天一样，远比批判理性主义有存在感（praesenter）。在公众场合中，例如在相关学科中，也包括在而且正好在法学中对实证主义争论的了解，受到这种媒介的不平衡之影响并非微不足道。

70年代早期法理论的许多文章可以被视为实证主义争论转移到了法学上，[9] 在那里众多相当概括的对照（Gegensätze）形成：在这里是"进步的"思想，在那里对于既有者而言是实证主义的固执；在这里是对法律、其社会面向与其思想背景的批判反思，在那里是教义学局限性与分析性的玻璃珠游戏（analytische Glasperlenspiele）。尤其是汉斯·凯尔森必定作为狭隘的实证主义、保守法学家之典范，这样一个几乎荒诞可笑的错误解释，直到今天还没有

---

〔8〕 H. Schnädelbach, Kritische Theorie? Aufgaben kritischer Philosophie heute, in: H. Albert, H. Schnädelbach, R. Simon-Schaefer (Hg.), Renaissance der Gesellschaftskritik?, 1999, S. 44-70（52）.

〔9〕 参见例如君特·艾尔赛德（Günter Ellscheid）和卡尔-路德维希·昆茨（Karl-Ludwig Kunz）的文章，in: A. Kuafmann (Hg.), Rechtstheorie. Ansätze zu einem kritischen Rechtsverstaendnis, 1971, S. 5 ff., 19 ff.

被克服。[10]

除了这些一般性的科学背景外，推动法理论发展的特殊法律原因也可以给出：60 年代中期以来已经谈论的广为流传的法律危机，与战后二十年的迅速社会变迁相关。这个危机也被视为法律思维的一次危机。批判法学家如阿道夫·阿恩特（Adolf Arndt）[11]、弗里茨·鲍尔[12]以及理查德·施米德（Richard Schmid）[13]自 50 年代以来已经指出了在 60 年代中期成为讨论核心大多数问题，例如对纳粹经历（NS-Vergangenheit）的迟到解释（überfällige Auseinandersetzung）及其在 40 年代晚期至 50 年代之"克服"、对德国联邦最高法院皈依天主教式的自然法裁判之批判必要性与司法社会学和法学家心性研究（Mentalitätsstudien）之需求。

法理论家维纳·克拉维茨（Werner Krawietz）要求批判性检验教义法学及其方法论，并且"思考传统教义学法律思维及其解释技术之方法论的与法教

24

〔10〕 与此相反的一个协调性的解读，参见 K. Günter, Hans Kelsen (1881－1973). Das nüchterne Pathos der Demokratie. In：Kritische Justiz (Hg.), Streitbare Juristen. Eine andere Tradition, 1988, S. 367－379.

〔11〕 Vgl. A. Arndt, Gesammelte juristische Schriften, 1976.

〔12〕 F. Bauer, Justiz als Symptom, in：Bestandsaufnahme（Fn. 32）, S. 221 ff. ; auch in ders. , Die Humannitaet der Rechtsordnung. Ausgewählte Schrift, hg. von J. Perels und I. Wojak, 1998.

〔13〕 R. Schmid, Einwände. Kritik an Gesetzen und Gerichten, 1965.

义学的前提"。[14] 可疑之处在于，传统教义学方法
与做出法律判决的实际有效因素（Wirkfaktoren）只
存在一种相当微弱的关联。学院式（akademische）
的方法论，如约瑟夫·埃塞尔（Josef Esser）在一句
多次被引用的名言中所声称，意味着"法官既不辅
助也不支配"。[15] 马丁·克里勒（Martin Kriele）指出
在公法中传统的宪法解释理论［正如它最后一次被恩
斯特·福斯特霍夫（Ernst Forsthoff）表述的那
样］[16]与宪法判例实践之间存在分歧，并且发展了
一种包括英美法系先例理论在内的新"法律获得理
论"（"Theorie der Rechtsgewinnung"）。[17]

给法理论带来显著进步的另一因素，是国家社
会主义法律史的研究。该研究从一开始就显现出一
种相当方法论的特质（Einschlag）。本德·吕特斯

---

〔14〕 W. Krawiez, Juristische Methodik und rechtstheoretiische Implika-
tionen, in: H. Albert u. a. (Hg.), Rechtstheorie als Grundlagenwissenschaft
der Rechtswissenschaft, 1972, S. 12-42 (13).

〔15〕 J. Esser, Vorverständnis und Methodenwahl in der Rechtsfindung,
1970, S. 6 f.

〔16〕 E. Forsthoff, Zur Probematik der Verfassungsauslegung, 1961;
vgl. Auch dens., Die Bindung an Gesetz und Recht (Art. 20 Abs. 3 GG), in:
ders., Rechtsstaat im Wandel. Verfassungsrechtliche Abhandlungen 1950 -
1964, 1964, S. 176-184.

〔17〕 M. Kriele, Theorie der Rechtsgewinnung, entwickelt am Problem
der Verfassungsinterpretation, 1967, 2. Aufl. 1976; vgl. auch B. Schlink, Be-
merkungen zum Stand der Methodendiskussion in der Verfassungsrechtswissen-
schaft, in: Der Staat 19 (1980), S. 73-107.

（Bernd Rüthers）1967 年出版了其《无限制的解释： 25
国家社会主义私法制度的变迁》（Die unbegrenzte Au-
slegung. Zum Wandel der Privatrechtsordnung im Nation-
alsozialismus）一书，[18] 在其中第一次详细阐述了国
家社会主义意识形态如何能够渗入魏玛法律制度。60
年代与 70 年代许多方法批判的著作明显与国家社会
主义法律思想及其方法论资源有关。这表明，在战
后一成不变地在实践中继续使用的传统法律方法论
手段，[19] 能够被变幻不定的世界观几乎任意地利用。
对这些手段批判性的深思熟虑因此显然是必要的
（offenkundig von Nöten）。

除了 1965 年以后方法论改革之一般法律原因之
外，其他的原因在一些部门法学科中。例如在刑法
中，50 年代和 60 年代早期通过汉斯·韦尔泽尔
（Hans Welzel）之目的行为理论（finalen Handlungsle-
hre），一种认为根本上完全能够以"法律本体论预
设"为基础之理论被普遍接受。目的行为理论的代

---

[18] 5. Aufl. 1997; vgl. auch E. Hilgendorf, Recht und Weltanschauung.
Bernd Rüthers als Rühtstheoretiker, 2001.

[19] Dazu J. Rückert, Zu Kontinuitäten und Diskontinuitaeten in der
Juristischen Methodendiskussion nach 1945, in: Erkenntnisgewinne, Erkennt-
nisverluste. Kontinuitaeten und Diskontinuitäten in den Wirtschafts – Rechts –,
und Sozialwissenschaften zwischen den 20er und 50er Jahren, hg. von K. Acham,
K. N. Nörr und B. Schefold, 1998, S. 113–165 (122 ff. am Beispiel des Lehr-
buchs zum Bürgerlichen Recht von Ennecerus).

表认为，当存在一种普遍的、与法律相关之前科学"行为"概念时，行为概念就会摆脱法律科学家的确定理解（definitorischen Zugriff）。[20] 这样一种论断令人震惊之处不应在于简单的"本体论上的"反向论断（Gegenbehauptungen），最好应在于方法论批判。与此相应，卡尔·恩吉施（Karl Engisch）[21] 与克劳斯·罗克辛（Claus Roxin）[22] 强调目的理性的法律概念建构之"目的论"本质并且提出对受本体论预设约束的质疑。他们的学生在许多方法论与法理论

[20] "立法者不止与物理性自然的准则有关，而且必然也重视在其规范对象（Objekt）中的特定事实逻辑结构（sachlogische Strukturen），否则他的规范就必然是错的。因此任何评价与规范的本体论行为结构都首先被预先给定……立法者也不可能在其中改变人的目的性活动结构与意图之功能，而是必须在其规范中与它们关联起来，除非他意图将它们规范化，否则他必然错过其规范目标。"（H. Welzel, Naturrecht und menschliche Würde, 1. Aufl. 1955, S. 197.）在后来的版本中韦尔泽尔大大地缩减了这一段。

[21] 恩吉施自从 30 年代以来已经做出了重要的法理论与方法论批判的工作。在理论（而非政治）方面人们能够将他视为自 1965 年以来法理论改革的鼻祖。到 1969 年为止其著作的详清单可从如下发现：P. Bockelmann, A. Kaufmann, U. Klug（Hg.）, Festschrift für Karl Engisch zum 70. Gerburstag, 1969, S. 725–735. Zusammenfassend für seine Kritik an Welzel vgl. K. Engisch, Logische Überlegung zur verbrechensdefinition, in: Festschrift für Hans Welzel zum 70. Geburtstag, hg. von G. Stratenwerth u. a. 1974, S. 343 – 378, ND. in: ders., Beiträge zur Rechtstheorie, hg. von P. Bockelmann, A. Kaufmann und U. Klug, 1984, S. 156–195.

[22] C. Roxin, Zur Kritik der finale Handlungslehre, in: ZStW 1962, S. 515–561, ND. in: ders., Strafrechtliche Grundlagenprobleme, 1973, S. 72–122.

著作中延续了这种方法。[23] 对联邦最高法院的自然
法判决与 1945 年以后自然法复兴的其他形式之解
释[24]，并非被矛盾的自然法论断而是方法批判的手
段所引导。在公法中这是一种以"客观的价值秩
序"[25]为目的的联邦宪法法院判决，它必然直接向
知识的批判分析提出挑战。[26] 以这种方式，在教义
学的部门学科中也产生了一种新的方法论问题关注。

2. "实证主义"及其永恒克服

不回顾其思想与学科发展史之起始状况（Aus-
gangslage），新法理论的形成无法得到理解。就一种
根本性的转变而言，1945 年既不属于专业哲学

[23] Vgl. vor allem B. Schünemann, Einfürung in das strafrechtiche Systemdenken, in: ders. (Hg.), Grundfragen des modernen Strafrechtssystems, 1984, S. 1-68.

[24] Dazu umfassend K. Kühl, Kontinuitäten und Diskontinuitäten im Naturrechtsdenken des 20. Jahrhunderts, in: K. Acham, K. W. Nörr und B. Schefold (Hg.), Erkenntnisgewinne, Erkenntnisverluste（本部分脚注19）, S. 605-663; H. D. Schelauske, Naturrechtsdiskussion in Deutschland. Ein Überblick über zwei Jahrzehnte: 1945-1965, 1968.

[25] BVerfGE 7, 198 (205) -Lüth; BVerfGE 39, 1 (41) - 1. 对于堕胎的判决："根据联邦宪法法院的持续判决，基本法规范不仅包括主观的个体对抗国家的防御法，它们同时也表现了一个客观的价值秩序，该秩序作为宪法之基本判决对所有法律领域适用并且对立法、行政和司法给出方针和建议。"

[26] R. Alexy, Theorie der Grundrechte, 1985, S. 477 ff.; E. Denninger, Staatsrecht I, 1973, S. 26 f.; vgl. auch O. Kimminich (Hg.), Was sind Grundwerte? Zum Problem ihrer Inhalte und Begründung, 1977.

（Fachphilosophie）也不属于法哲学与法律方法论。在传统阐述中通常表述的或至少提示的如下命题是错误的：19世纪下半叶与20世纪上半叶处于"价值盲目"与"贫血的"实证主义魔咒中，它（实证主义）最终导致了"第三帝国"的灾难并且在1945年以后通过一种新的价值秩序予以克服。在一定程度上人们甚至必须谈及一种有意的误导。属于20世纪的法律方法与思想史的致命罪责是：其最富影响力的作者，例如恩斯特·鲁多夫·胡贝（Ernst Rudolf Huber）、卡尔·拉伦茨（Karl Larenz）、汉斯·韦尔泽尔、弗兰茨·维亚克尔（Franz Wieacker）以及埃里克·沃尔夫（Erik Wolf），在他们的学术发展之初被打上了相同的、在1933年与1945年间达到顶峰的反实证主义与反自由主义的烙印。[27] 通过这种方式，他们为如下做出了根本贡献：早已经被国家社会主义者所反对的法律中的自由主义思想传统在1945年以后第二次被当作敌人。自由法律实证主义现在尤其要为国家社会主义的泛滥共同承当责任或者被直接与国家社会主义者的法律思想相等同并且因此历史事实直接被倒置。构建一个完全不同形象的新研

---

〔27〕 Rückert, Kontinuitäten und Diskontinuitäten（本部分脚注19），S. 145-154.

究，[28] 并不能够顶住占优势的反自由主义历史定则
（Geschichitsfestschreibung）之反对获得普遍认同。

　　"第三帝国"的法哲学被认为是明确反对实证主
义的；实证主义法学教师（Rechtslehrer），如古斯塔
夫·拉德布鲁赫（Gustav Radbruch）一般被夺去了职
位，或者像汉斯·凯尔森一样被驱逐出德国。就内
容而言，一般而言倘使人们能够谈及这些，国家社
会主义法哲学是一种"雅利安的"（"arischem"）自
然法与德国观念论配方（Versatzstücken）的混合物，
在德国观念论中黑格尔显然尤其适合作为提纲提供
者（Stichwortgeber）。在方法论上 1933 年至 1945 年
间的法学也完全不是以实证主义为指向。在法律方
法论中实证主义支持成文制定法上极其严格的约束
力。德意志帝国最高法院（Reichsgericht）的判决在
魏玛时期已经放弃了那种做法。[29] 在"第三帝国"，
制定法条文在新的政治目标中瓦解并且被重新解
释，据此常常引起制定法实证主义者不满的一般性
条款和其他不确定法律概念就是被利用的渗入点

---

　　[28]　Vgl. etwa K. Marxen, Der Kampf gegen das liberale Strafrecht. Ei-
ne Studie zum Antiliberalismus in der Strafrechtswissenschaft der zwangziger
und dreißiger Jahre，1975.

　　[29]　Zur Aufwertungsrechtsprechung des RG（vor allem RGZ 107，78）
vgl. Rüthers, Unbegrenzte Auslegung（本部分脚注 18），S. 66 ff.

（Einbruchstelle）。[30]

28　　1945年以后在法律基本争论中占据统治地位的
首先是一种人们最早可以描述为"征服文献"
（"Bewältigungsliteratur"）*的文献类型（Literaturtyp）。
本德·吕特斯发展了"社会化群体"（"Sozialisations-
kohorten"）这个概念：这个群体基于政治体系的转变，
接受根本变革之文献征服（literarische Bewältigung），
当他们共同确定消失体系之衰落原因并且给予新体
系以合法性时。[31] 这种解释模式的功效在1945年以
后的时期中展现得非常清楚。典型的著作如《自然
法与基督教信仰》（Naturrecht und Christentum）、《自
然法与情爱法》（Naturrecht und Liebesrecht）[32]或者
《自然法的永恒回归》（Die ewige Wiederkehr des Natur-
rechts）。[33] 1945年以后经常谈论的"自然法复兴"

---

〔30〕 Umfassend dazu Rüthers, Unbegrenzte Auslegung（本部分脚注
18）; ders. , Entartetes Recht. Rechtslehren und Kronjuristen im Dritten
Reich, 2. Aufl. 1989.

* 所谓"征服文献"，在译者看来就是正当化战胜者行为的文献。
例如二战以后自然法的复兴从某个角度来说就是对二战战胜国行为的一
种正当化。

〔31〕 B. Rüthers, Geschönte Geschichten-geschonte Biographien.
Sozialisationskohorten in Wendeliteraturen. Ein Essay, 2001.

〔32〕 G. Küchenhoff, Naturrecht und Christentum, 1948; ders. , Natur-
recht und Liebesrecht, 2. Aufl. 1962.

〔33〕 H. Rommen, Die ewige Wiederkehr des Naturrechts, 1936, 2. Aufl.
1947.

尤其被如下作者们分担：他们早已在"第三帝国"
因"超越实证主义法律"闻名[34]并且严厉拒绝如由
汉斯·凯尔森代表的自由实证主义。虽然法理论的
内容发生了变化，但是其形式与思想史导向并没有。

从 50 年代中期起，法哲学与法律方法论驶入了
更平稳的航道。在（民法的）方法论中占支配地位
的问题（Sache）与魏玛时期温和（制定法）实证主
义相关。[35] 征服文献在 50 年代也从刑法中消退了。
此外，自然法的复兴并不是战后时期唯一的法哲学
思潮，并且在同时代的人看来它也十分可疑。因
此恩斯特·福斯特霍夫在 1954 年已经指出，比自然
法复兴更重要的是追问法律方法之转向，正如卡尔·
恩吉施所做的那样。[36]

就此而言，福斯特霍夫与恩吉施 1943 年出版的
《法律适用的逻辑研究》（Logische Studien zur Gesetz-
esanwendung)[37]、1950 年出版的著作《论法律者的
世俗形象》（Vom Weltbild des Juristen)[38] 以及 1953

---

〔34〕 Dazu Rüthers, Geschönte Geschichten（本部分脚注 31），S. 94 ff.

〔35〕 Rückert, Kontinuitäten und Diskontinuitäten（本部分脚注 19），
S. 129 ff.

〔36〕 E. Forsthoff, Die Rückkehr zum Rechtsstaat, in：J. Moras/
H. Paeschke（Hg. ）, Deutscher Geist zwischen Gestern und Mofgen. Bilanz
der Kulturellen Entwicklung seit 1945, 1954, S. 334 –346（336）.

〔37〕 3. Aufl. 1963.

〔38〕 2. , durch ein Nachwort erweitere Auflage 1965.

年出版的研究《当代法律与法学中的具体化观念》（Die Idee der Konkretisierung in Recht und Rechtswissenschaft unserer Zeit）[39] 有关。恩吉施不仅是刑法学家，而且对法哲学与法理论的问题非常感兴趣，因此他——对一个法学家来说早已非同寻常——保持

29 与专业哲学的紧密关系。恩吉施在20年代追随恩斯特·冯·阿斯特（Ernst von Aster）攻读哲学并且不仅对德国观念论而且对"生命哲学"的思潮都相当怀疑。人们可以将他的科学理论姿态诠释为"温和的实证主义"。1965年至1985年间法理论复兴这个时期恩吉施发挥了主要作用，尤其是1933年之前在德语区作为经验主义和实证主义哲学思潮的连结（Bindeglied）。[40] 他1956年出版的《法律思维导论》（Einführung in das juristische Denken）[41] 直到现在还是最为畅销的法律方法论著作。

它的影响力仅仅被1960年出版的卡尔·拉伦茨的《法学方法论》（Methodenlehre der Rechtswissen-

---

〔39〕 2. Aufl. 1968.

〔40〕 其他方面的基础研究参见 A. Maschke, Gerechtigkeit durch Methode. Zu Karl Engischs Theorie des juristischen Denkens, 1993, 它无法理解这个连结。更多的说明参见 Hilgendorf, Wissenschaftlicher Humanismus（本部分脚注4），S. 397 f.

〔41〕 9. Aufl. 1997, hg. und bearbeitet von Th. Wuertenberger und D. Otto.

schaft）一书超越，该书几十年以来引起了法律方法
论争论并且可以被视为对传统法律方法论的标准阐
述。拉伦茨 1933 年以后极力投身于国家社会主
义。[42] 因此并不令人惊讶的是，大约从 1965 年起众
多批判拉伦茨及其著作的文章出版。[43] 就新法理论
而言，正如恩吉施属于实证主义，拉伦茨在否定的
意义上被定位：对于大多数法理论家来说，拉伦茨
式的"方法论"恰恰代表了他们想要克服的思维模
式。卡尔·施米特（Carl Schmitt）也被激烈地批判，
他以尤其毫无顾忌的方式为第三帝国的新当权者提
供了服务。[44]

3. 法理论转折的表现形式

大约从 1965 年以来，法律基础研究集中于主要
的方法论问题。康德、黑格尔或者亚里士多德传统

[42] Vgl. etwa seine Schrift: Über Gegenstand und Methode des völkischen Rechtsdenkens, 1938.

[43] Z. B. M. Frommel, Die Rezeption der Hermeneutik bei Karl Laranz und Josef Esser, 1981; näher zu Larenz' Lehren im "Dritten Reich" und ihrem methodologischen Kontext Rüthers, Entartetes Recht（本部分脚注 30），bes. S. 76-98.

[44] Vgl. nur I. Maus, Bürgerliche Rechtstheorie und Faschismus. Zur sozialen Funktion und aktuellen Wirkung der Theorie Carl Schmitts, 1980; vgl. auch die（nach dem dem Berichtszeitraum erschienene）Schrift von B. Rüthers, Carl Schmitt im Dritten Reich. Wissenschaft als Zeitgeist-Verstärkung, 1989, 2. Aufl. 1990.

30 中的法哲学构思，还有自然法诸理论，一如既往地被讨论，然而直到 70 年代中期为止时代精神无论如何是法理论导向的。70 年代初有三本研究法理论的选集出版：《法理论：基础讨论文集》（Rechtstheorie. Beiträge zur Grundlagendiskussion，1971 年）[45]、《法理论：批判性法律理解之萌芽》（Rechtstheorie. Ansätze zu einem kritischen Rechtsverständnis，1971 年）[46]以及《作为法学基础科学之法理论》（Rechtstheorie als Grundlagenwissenschaft der Rechtswissenschaft，1972 年）[47]。阿图尔·考夫曼与温弗里德·哈斯默尔（Winfried Hassemer）主编、多人参编的《当代法哲学与法律理论导论》（Einführung in Rechtsphilosophie und Rechtstheorie der Gegenwart）1977 年出版，到 90 年代中期已经出了 6 版。[48]

法理论的兴盛从期刊和丛书的创立也可以看到：《法理论文集》（Schriften zur Rechtstheorie，1962 年起）、《法理论和方法论文本与研究》（Studien und Texte zur Theorie und Methodologie des Rechts，1967 年起）、《法理论与信息法》（Rechtstheorie und Informa-

---

〔45〕 参见前面第二部分脚注 10。
〔46〕 参见本部分脚注 9。
〔47〕 参见本部分脚注 14。
〔48〕 6. Aufl. 1994，7. Aufl. 2004.

tionsrecht，1976 年起）、《克雷格法理论》（Kolleg Rechtstheorie，1977 年）、《维尔茨堡法哲学与法理论报告》（Würzburger Vorträge zur Rechtsphilosophie und Rechtstheorie，1984 年），最终作为余音的、1990 年开始的《法哲学与法理论研究》（Studien zu Rechtsphilosophie und Rechtstheorie）。（法理论的）发展进程与期刊类似，必须被首先提及的是《法理论》（Rechtstheorie，1970 年）和《法理论与法社会学年鉴》（Jahrbuch für Rechtstheorie und Rechtssoziologie，1970 年）。1982 年起出版的《法律史杂志》（Rechtshistorische Journal）描述了批判法律研究精神的改革。在停刊超过 40 年之后，《立法与法律科学批判季刊》（Kritische Vierteljahresschrift für Gesetzgebung und Rechtswissenschaft）最终于 1986 年再次出版。在传统的法哲学期刊中，例如在颇有名望的《法哲学与社会哲学档案》（ARSP）中“法理论”的标题也获得增加。

在 70 年代与 80 年代，许多书籍以“法理论导论”[49]或“法律研究者之科学理论”（“Wissenschafts-

---

[49] Z. B. R. Dubischar，Einführung in die Rechtstheorie，1983；ders.，Grundbegriffe des Rechts. Eine Einführung in die Rechtstheorie，1968.

theorie fuer Juristen")[50]的名目出版。在这些阐述中以前讨论的结构得以被系统性地概括。由葛德·洛雷克（Gerd Roellecke）1988年出版的文集《法哲学或法理论》（Rechtsphilosophie oder Rechtstheorie）[51]已经标志着法理论思潮的消退。洛雷克将法理论置于从费尔巴哈直到卢曼的历史背景下，如此1965年与1985年间法理论之"复兴"至多只是作为更宽泛的理论史之一部分。

新法理论显示出一个特性，即它建立了与其余社会与人文科学方法论的繁荣之关联：在很大程度上，它由1993年以后被逐出德国的观念与科学态度（因此尤其是社会主义的或者马克思主义的[52]以及经验主义—分析的德国思想传统）的再输入（Re-Import）构成。就此而言与德国专业哲学对比，在那里同样从60年代起（在德国）被国家社会主义驱逐并且1945年以后被（德国）遗忘的马克思主义、经验主义以及分析思潮再一次被发现。[53]

---

〔50〕 M. Herberger, D. Simon, Wissenschaftstheorie für Juristen. Logik-Semiotik-Erfahrungswissenschaften, 1980.

〔51〕 Wege der Forschung, Bd. 644.

〔52〕 为了公正评估20世纪马克思主义思潮（例如早期批判理论），必须不能从一开始就将它置于东德创造的斯大林主义与"真正的社会主义"的背景下评价。

〔53〕 Dazu M. Plümacher, Philosophie nach 1945 in der Bundesrepublik Deutschland, 1996, S. 127 ff.

对法理论影响尤巨的是科学理论家和社会哲学家卡尔·波普尔，其《开放社会的哲学》（Philosophie der offenen Gesellschaft）在德国主要通过汉斯·阿尔伯特而闻名。值得注意的是，阿尔伯特首篇关于波普尔哲学的重要论文发表在法哲学期刊，即《法哲学与社会哲学档案》（ARSP）中。[54] 其他有影响力分析出身的作者包括沃尔夫冈·施太格缪勒（Wolfgang Stegmüller）、艾柯·冯·萨维尼（Eike von Savigny）以及（从 20 世纪 70 年代起的）君特·帕奇斯（Günther Patzig）。他们被法理论家强烈关注，甚至部分共同项目得以实现。除了法学家卡尔·恩吉施、乌尔里希·克卢格（Ulrich Klug）与汉斯·凯尔森，英国法实证主义者 H. L. A. 哈特（H. L. A. Hart）[55] 与卡尔·波普尔也是新期刊《法理论》（Rechtstheorie）的编辑。通过分析哲学或分析科学理论，[56] 其余科学理论思潮在法理论中找到了路径，例如"埃尔朗根学派"（"Erlanger Schule"）。[57]

---

〔54〕 Der kritische Rationalismus Karl Raimund Poppers, in：ARSP 1960, S. 391-415.

〔55〕 N. 霍斯特（N. Hoerster）尤其致力于在德国传播这个 20 世纪可能最独具一格的英国法哲学家的思想。

〔56〕 J. -M. Priester, Rechtstheorie als analytische Wissenschaftstheorie, in：Jahr/Maihofer, Rechtstheorie（第二部分脚注 10），S. 13-61.

〔57〕 Vgl. z. B. F. O. Wolf, Rechtstheorie als Protojuridik, in：Jahr/Maihofer, Rechtstheorie（第二部分脚注 10），S. 121-141.

与分析法理论发展同时出现的是一种对传统法律方法论纲领与传统法哲学, 尤其是对德国观念论传统观点的激烈批判。黑格尔成为主要的批判研究对象。普鲁士国家哲学家 (Staatsphilosoph) 在第三帝国属于新国家思想 (Staatsdenkens) 提纲的提供者 (Stichwortgebern)。[58] 波普尔因此于 1945 年在其《开放社会》(Offenen Gesellschaft) 中认为黑格尔对于 20 世纪极权主义的残暴行为负有共同责任。[59] 但是另一方面黑格尔也被社会主义法律思想家——取决于半官方的民主德国法哲学——奉为权威。因此在西德法理论中 1965 年以后批判观点增多, 这些观点指明了独裁与极权主义的思潮和黑格尔明显的亲和性。[60] 为了使人文主义思想的理性刑法改革成为可能, 在刑法教义学中乌尔里希·克卢格为"告别康德和黑格尔"[61]

〔58〕 Dazu Rüthers, Entartetes Recht (本部分脚注 30), S. 78 ff. und passim; vgl. auch H. Kiesewetter, Von Hegel zu Hitler, 1974, 2. Aufl. 1995.

〔59〕 K. R. Popper, Die offene Gesellschaft und ihre Feinde, Bd. I: Der Zauber Platons, Bd. II: Falsche Propheten: Hegel, Marx und die Folge, 1957. Die englischsprachige Originalausgabe erschien 1945.

〔60〕 Besonders differenziert R. Dreier, Bemerkungen zur Rechtsphilosophie Hegels, in: ders. , Recht, Moral, Ideologie. Studien zur Rechtstheorie (第二部分脚注 11), S. 316–350.

〔61〕 U. Klug, Abschied von Kant und Hegel, in: J. Baumann (Hg.), Programm für ein neues Strafgesetzbuch. Der Alternativ-Entwurf der Strafrechtslehrer, 1968, S. 36–41 (41): "经过所有在他们知识论、逻辑和道德上的可疑之处中的非理性的、过甚思维, 现在是时候最终告别康德和黑格尔的刑法理论了。"

提供辩护。

新法理论的另一个特征是其明显的国际化和跨学科化,[62] 尽力超越传统的法律科学主题领域。以法理论名义开发的新讨论场域让人眼花缭乱。最令人印象深刻的是,由迪特·格林(Dieter Grimm)主编的两卷本《法律科学与相关学科》(Rechtswissenschaft und Nachbarwissenschaften)对此加以证明。[63] 与社会学的接触尤其集中。[64] 在如《法律与生物学》(Recht und Biologie)[65] 或者《法律人类学》(Rechtsanthropologie)[66] 一样的主题区域中、部分也在《法律心理学》(Rechtspsychologie)[67] 中表述的东西建立起了自身与自然科学诸学科的关联。

人们将哪些提问分配给(一般)法理论以及民　33

---

〔62〕 Vgl. M. van Hoecke, Rechtstheorie als Integrationswissenschaft, in: Rechtstheorie 16 (1985), S. 85-91.

〔63〕 Rechtswissenschaft und Nahbarwissenschaften 1, 1973, 2. Aufl. 1976; Rechtswissenschaft und Nachbarwissenschaften 2, 1976.

〔64〕 Vgl. etwa H. Schelsky, Die Soziologien und das Recht. Abhandlungen und Vorträge zur Soziologie von Recht, Institution und Planung, 1980.

〔65〕 M. Gruter und M. Rehbinder (Hg.), Der Beitrag der Biologie zu Fragen von Recht und Ethik, 1983; H. Zemen, Evolution des Rechts. Eine Vorstudie zu den Evolutionsprinzipien des Rechts auf anthropologischer Grundlage, 1983; M. Gruter, Rechtsverhalten. Biologische Grundlagen mit Beispielen aus dem Familien- und Umweltrecht, 1993.

〔66〕 F. -H. Schmidt, Verhaltensforschung und Recht. Ethologische Materialien zu einer Rechtsanthropologie, 1982.

〔67〕 R. Jakob und M. Rehbinder (Hg.), Beitraege zur Rechtspsychologie, 1987.

法、公法和刑法何者属于重要的法律部门学科之基础争论,实际是一个术语问题。接下来的论述已经基于领域的原因(schon aus Raumgründen)必须被限定在一般法理论中,而这意味着根本的发展路线必须被留在各个学科中。例如法律的经济分析[68]几乎只在民法的语境下被讨论,因此它不应该在这里被处理。

---

〔68〕 20世纪60年代早期对此的讨论在美国形成的研究方向参见 H.-D. Assmann, C. Kirchner und E. Schanze(Hg.),Ökonomische Analyse des Rechts, 1978. 1993年出版的这本著作的第2版有一个内容丰富的导论,它详细介绍了70年代晚期与80年代法律经济分析的发展。更多参见 H.-B. Schäfer, C. Ott, Lehrbuch der ökonomischen Analyse des Zivilrechts, 1986, 3. Aufl. 2000.

四、最重要的讨论场域

导　言

接下来应该列出 1965 年至 1985 年间法理论复兴最重要的讨论场域。叙述的安排并非体系性的，而是历史性的，例如让叙述遵循各个讨论重点的历史次序并且当偶然的交叉与冗余在历史现实中不可避免时，容忍它们。

1. 法律修辞学

早在 1953 年出版的特奥多尔·菲韦格（Theodor Viehweg）的一篇名为"论题学与法学"（Topik und Jurisprudenz）的小文章在法律方法讨论中获得巨大关注。在这篇引人瞩目的观念史导向的文本中，菲韦格区分了经典理性主义的"公理—演绎"传统与维科（Vico）的"修辞学"传统。与此相应，应该存在两种类型的法律思想：菲韦格在法律实践与法律科学中看到占据支配地位的、以确定的公理为起点之演绎的"体系思维"，以及论题学的"问题思维"（topische "Problemdenken"）。菲韦格反对夸大描述思想史的矛盾（Gegensatz）。那时候判决的做法和今天一样也几乎不可能被描述为公理—演绎式的；联邦宪法法院的判决恰好以一种人们完全能够视为菲韦格意义上的"论题学"方式已经并且正在走在前列。但是无论如何应归功于菲韦格的是，（他）开辟了方法论新的历史格局。菲韦格的法律修辞学只是在一定条件下属于法理论。一方面《论题学与法学》已经处于法理论的拐点并且尤其被20世纪70年代和80年代的法理论家视为对传统法律方法论的批判。[1] 另一方面科学理论与分析哲学手段的援引尚付阙如。

36　　在菲韦格的学生们看来，奥托马·巴勒维科（Ottmar Ballweg）最可靠地保留了最初的方法。[2] 相反，弗里茨欧福·哈夫特（Fritjof Haft）在宽泛的

---

〔1〕　对于论题学在法学中的专门使用参见 G. Struck, Topische Jurisprudenz, 1971.

〔2〕　菲韦格的效果史参见 O. Ballweg und T. -M. Seibert herausgebenen Band "Rhetorische Rechtstheorie", 1982.

意义上将现代语言哲学包含在内。其《法律修辞学》（Juristische Rhetorik）于 1978 年首次出版。在导论中哈夫特将同时代的"描述—批判的法理论"评价为理论的和不切实际的并且为一种以恰当的案件判决为目标的"案件与法条之语言学应对方式"提供辩护。[3] 哈夫特在一种异常清晰、易懂的语言（通过其常用的结构图像使理解变得容易）中解决规范的解释及其应用到具体案件的根本问题。这可能就是其著作贡献的重大成果，直到今天为止，这些著作主要被大学生作为传统方法论的备选教材使用。在沃尔夫冈·盖斯特（Wolfgang Gast）1988 年出版的《法律修辞学》（Juristischer Rhetorik）[4] 中法律修辞学方法再一次密切地接触维科的哲学传统。这尤其在他对自然法理论的"反本体论"批判中展现出来。法律修辞学对于使用者（Gast）来说是"法学家用以发现友好的支持或者无论如何防止异议之手段的总和"。[5]

在此需要简要提及法哲学家凯姆·佩雷尔曼（Chaim Perelman），其著作《作为论证理论的法律修辞学》（Juristische Logik als Argumentationslehre，1979

---

〔3〕 F. Haft, Juristische Rhetorik, 4. Aufl. 1990, S. 14.

〔4〕 3. Aufl. 1997.

〔5〕 Juristische Rhetorik（本部分脚注 3），Rz. 1.

年）和《修辞学的国度：修辞与论证》（Das Reich der Rhetorik. Rhetorik und Argumentation，1980 年）同样偶然地被视为法律修辞学，尽管他的相关著作列入分析论证理论或"应用逻辑学"（"angewandten Logik"）同样不错。

2. 法律诠释学

法律诠释学是一门相当古老的学科，其源头可以追溯到萨维尼甚至远溯至启蒙运动（Aufklärung）神学。[6] 这个古典传统在 50 年代晚期和 60 年代还完全在场（präsent），例如在埃米利奥·贝蒂（Emilio Betti）[7] 和赫尔姆特·科殷（Helmut Coing）[8] 的著作中。但是对 20 世纪 60 年代晚期和 70 年代的诠释学讨论有影响力的并不是这个古典流派，而是在马丁·海德格尔（Martin Heidegger）之后被汉斯-格奥尔格·伽达默尔（Hans-Georg Gadamer）在其 1960

37

〔6〕 对于启蒙运动中的普遍诠释学的根源参见 A. Bühler（Hg.），Unzeitgemäße Hermeneutik. Verstehen und Interpretation im Denken der Aufklärung, 1994.

〔7〕 E. Betti, Zur Grundlegung einer allgemeinen Auslegungslehre, in: FS für Ernst Rabel, Bd. II, 1954, S. 79-168; ders. , Allgemeine Auslegungslehre als Methodik der Geisteswissenschaften, 1967.

〔8〕 H. Coing, Die juristischen Auslegungsmethoden und die Lehren der allgemeinen Hermeneutik, 1959.

年出版的著作《真理与方法》（Wahrheit und Meth-
ode）〔9〕中构想出来的新"普遍"诠释学。古典的诠
释学被理解为解释的技艺；据此解释就是创造性过
程的翻转（Umkehrung）。〔10〕相反，对伽达默尔来说
这其中涉及的不是理解的方法，而是关于人的全部
生存意义及其在世界中的此在（Dasein）。〔11〕这个构
想与法律解释没有太多关系。因此 60 年代与 70 年代
的法律诠释学并不遵循贝蒂而是遵循伽达默尔，是
令人惊讶的。一个可能的原因是伽达默尔式诠释学
的知名人士处于同时代的德国哲学中，其时诠释学
（尤其在实证主义争论中）被作为经验主义或分析出
身（Provenienz）之对立立场。〔12〕

　　法律诠释学最重要的提纲提供者（Stichwortgeber）
是约瑟夫·埃塞尔，在其 1970 年出版的著作《法律
发现中的前理解与方法选择》（Vorverständnis und
Methodenwahl in der Rechtsfindung）〔13〕中他使"前理

〔9〕　H. -G. Gadamer, Wahrheit und Methode. Grundzüge einer philos-
ophischen Hermeneutik, 1960.

〔10〕　Betti, Grundlegung（本部分脚注 7），S. 141.

〔11〕　Vgl. die Einleitung zu Wahrheit und Methode（本部分脚注 9），
S. XVI.

〔12〕　这个设想参见 H. Rottleuthner, Hermeneutik und Jurisprudenz,
in：H. -J. Koch（Hg.），Juritische Methodenlehre und analytische Philosophie,
1976, S. 7-30（11）.

〔13〕　2. Aufl. 1972.

解"这个概念成为法理论讨论的主导词（Leitvokabel）。"前理解"据此意味着所有经验、态度和价值配置的总和，它们决定了除制定法条文以外的法律判断。这个概念主要用来批判经典的从制定法推导出各个判决的法律适用模型。[14] 每个法律适用者无可辩驳的"前理解"说明似乎足以让人明白，正在谈论的并不是一种简单的逻辑推论。阿图尔·考夫曼通过38 其每个法律适用的类推命题指向了相同的目标。[15]

　　法律诠释学第二个主导概念（Leitbegriff）是制定法构成要件的解释与案件事实确定之间的"诠释学循环"。在这种"大前提与生活事实之间目光来回移动"[16] 之关联中，恩吉施阐述了一个直到今天在大学课堂都会令人会心一笑的、联想丰富的画面。恩吉施并没有建立与普遍诠释学的关联。在文献中人们谈论的已经是法律适用的"循环"和"诠释学螺旋"。[17]

---

　　〔14〕 然而一种"严格的法律推理"的想法在任何时候似乎几乎不能以纯形式（Reinform）在场，参见 R. Ogorek, Richterkönig oder Subsumtionsautomat? Zur Justiztheorie im 19. Jahrhundert, 1986, S. 368. 据此一种逻辑—机械的法官活动想法最多作为 19 世纪初的附带现象出现。

　　〔15〕 A. Kaufmann, Analogie und "Natur der Sache". Zugleich ein Beitrag der Lehre vom Typus, 1965, 2. Aufl. 1982, S. 37 und passim.

　　〔16〕 Engisch, Logische Studien zur Gesetzesanwendung（第三部分脚注 37）, S. 15.

　　〔17〕 W. Hassemer, Tatbestand und Typus. Untersuchungen zur strafrechtlichen Hermeneutik, 1968, S. 107 f.

　　与法律修辞学一样，法律诠释学并不将其产生归功于对分析哲学的接受。此外，它只是有所保留地被视为法理论思潮。当约瑟夫·埃塞尔首先被列为方法意识与方法批判的法教义学家时，法律诠释学第二富有影响力的代表阿图尔·考夫曼为了能够"只"作为法理论家而深受传统德国哲学的束缚。而70年代与80年代有影响力的法理论家都是他的学生，如温弗里德·哈斯默尔、乌尔弗里德·诺依曼（Ulfrid Neumann）以及其他人等。[18]

　　法律诠释学的主导概念一再被批判为不明确和含混不清。[19] 但是除了这个批判之外法律诠释学的积极效果（positive Ertrag）不应被忽略：它再次提醒法律适用远不只是纯粹的逻辑涵摄过程。法官和其他法律适用者并不完全通过制定法规定判决。当然恩吉施早在40年代就通过同时代逻辑和语言分析更明确地对此加以强调。[20] 凯尔森也在1934年首次出版的《纯粹法理论》中强调法律适用的评价、政治

---

　　〔18〕也参见由A.考夫曼和W.哈斯默尔1977年首次出版并于2004年第7次出版的《当代法哲学与法律理论导论》，它使考夫曼领导下的慕尼黑法哲学研究所引导的法哲学与法理论讨论广度明确起来。

　　〔19〕 例如参见在本部分脚注12提及的罗特洛伊特纳（Rottleuthner）的论文。

　　〔20〕 Logische Studien zur Gesetzesanwendung（参见第三部分脚注37）。

特性。[21] 对于法律诠释学来说新奇的是与"普遍"
39 诠释学的关联，然而"普遍"诠释学的生存哲学的目
标描述了一种法律方法争论中的异物（Fremdkörper），
这可能是法律诠释学在 80 年代失去重要性的主要原
因。在今天，法律诠释学主要在弗里德里希·穆勒
（Friedrich Mueller）"结构化的法理论"形态及其学
派[22]中继续存在，然而这只是一种大打折扣地从过
去的法律诠释学中获得共同基础的方法。

3. 法律论证理论

法律论证理论并非统一理论，而是一束在一定程
度上完全不同类的方法和建议，它们以法律方法论和
传统法哲学的改革为目标。在法学基础研究中它被描
述为对分析哲学与批判理论有所保留地接受。[23] 不考
虑其范围，法律论证理论无法涵括 1965 年以后法理论
所有形形色色的改革，因为（它）像系统理论或马克

---

〔21〕 Reine Rechtslehre, 1. Auflage 1934, S. 90–106.

〔22〕 F. Müller, Juristische Methodik und Politisches System, 1976;
ders., Strukturierende Rechtslehre, 1984; ders., Juristische Methodik, 1971,
8. Aufl. 2002; vgl. auch R. Christensen, H. Kudlich, Theorie richterlichen
Begründens, 2001.

〔23〕 Vgl. E. Hilgendorf, Argumentation in der Jurisprudenz. Zur Rezep-
tion von analytischer Philosophie und kritischer Theorie in der Grundlagenfors-
chung der Jurisprudenz, 1991.

思主义法理论一样缺少方法（Ansätze）。但是由于对现代语言理论尤其是语用学的全力接受，法律修辞学、法律诠释学和法律科学理论之间存在着明显交叉。[24]

乌尔弗里德·诺依曼早在 1986 年就让法律论证理论——他也早就谈及一种"法律论证理论"——经历了一番透彻分析。[25] 他将法律论证理论分为逻辑—分析的、论题—修辞学的以及商谈理论进路。[26]

"法律论证理论"的表述绝不止于法律基础争论。[27] 在 20 世纪 60 年代与 70 年代，一股以"非形式逻辑""实践理性"或"辩证法"等名义出现的思潮首先在英美哲学中发展起来。"新修辞学"这个表述来源于法语区。在 80 年代中期的总体论述中"论证"获得了如下定义："一种社会的、理智的言语行为，用于正当化或反驳一种观点，由论述集合构成并且以获得听众认可为目的"。[28] 法律论证理论的所有代表在这个意义上都似乎坚信，形式逻

40

---

〔24〕 对此参见第四部分第 1、2 节（上面）和第 5 节（下面）。

〔25〕 Juritische Argumentationslehre, 1986.

〔26〕 Juritische Augumentationslehre（本部分脚注 25），S. V ff. 作为进一步的补充他提到了判断理由的分析和作为剩余类别的法律论证"复杂"模型。

〔27〕 接下来的论述参见 Hilgendorf, Argumentation in der Jurisprudenz（本部分脚注 23），S. 14 f.

〔28〕 F. H. van Eemeren, R. Grootendorst, T. Kruiger, Handbook of Argumentation Theory. A Critical Survey of Classical Backgrounds and Modern Studies, 1987, S. 7.

辑不足以细致入微地分析自然语言并且因此也包括
在自然语言的论证中,[29] 而另一方面一种概念和结
构上澄清和检验的论证能够被克服。这种如此理解
的论证理论因此也被描述为"非形式的"或应用的
逻辑。

这种逻辑—分析的论证理论的一个经典作品是
斯蒂芬·图尔敏(Stephen Toulmin)已于 1958 年出
版的著作《论证的用途》(The Uses of Argument)。
它从 70 年代中期开始为德国法理论所接受。诺依
曼试图将一种图尔敏为了分析自然语言的论证而推
导出来的图示(Schema)转用到法律适用理论上。
图尔敏建议在自然语言表述的论证中分析如下
图示:[30]

---

〔29〕 这个立场绝不等于敌视逻辑,而是也已经(并且将)被逻辑
学家接受。因此卡尔纳普的学生巴-席乐尔(Bar-Hillel)称:"我在此
质疑任何人展示给我的通过自然语言的严肃论证,在形式逻辑的帮助下
其有效性将成功地被评价……再次通过通常无原则的和有问题的理解过
程,惯常的应用常常是粗心的、粗糙的以及无原则的,或者依靠对原初
语言实体的改造,基于要么属于一些构造语言要么属于一些标准化的自
然语言的不同讨论。"Y. Bar-Hillel, Diskussionsbeitrag, in: Formal Logic
and Natural Languages. A Symposium, hg. von J. F. Staal, in: Foundations of
Language 5 (1969), S. 256-284 (256 f.).

〔30〕 The Uses of Argument, 1958, S. 104.

D （数据库）　　　　　　So（因此），Q（可能），C（主张）　41

Since （因为）　　　　　　Unless（除非）

W （推理规则）　　　　　　R（反驳）

On account of（由于）

B（支持）

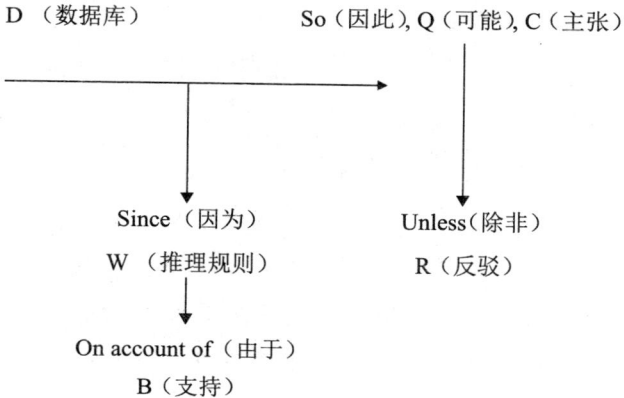

据此 C（主张）表示有待建立的命题，D 表示数据库，在此基础上这个命题被表述，并且 W 表示一种推理规则，通过它的帮助 C 和 D 之间的"鸿沟"应该得以克服。因此例如这个命题："哈利是一个英国公民"，由数据"哈利出生于百慕大"与推理规则"在百慕大出生的人是英国公民"共同论证性地建立。Q 表示"模态词"（"Modal Qualifier"）。图尔敏因此作出表述，如"可能"或"也许"，它们倾向于削弱有待建立命题的推理。R（反驳）表示这些能够反对从数据库到命题的过渡的因素。一个例子就是这个句子"哈利在此期间成为美国公民"。推理规则 W 最终应该被 B（支持）证明。这种规定出生于早期英国殖民地的人的公民身份的全部法律规则的证

明在我们公民身份的例子中存在。

在诺依曼看来，相对于法律适用的传统三段论，这个图示拥有巨大的优势：一方面只有图尔敏图示（Toulmin-Schema）适合再现恰当的论证结构；另一方面"当三段论模型对于理性论证的标准提出了毫无意义的谈论时"，图示包含"真实的"、不寻常的论证方式。最终，诺依曼在这里看到了图尔敏图示的决定性优势，只有这个模型证明了"事实上可以使用并且最终应获得的结论"[31]之信息。

实际上图尔敏图示能够捕获三段论遗失的区分（Differenzierungen），例如推理规则或限制条件的可能性之"证明"。值得注意的是，图尔敏自己指明了其论证理论与法律思维的亲密关系。[32]作为与法律适用三段论不同的方案，图尔敏图示之使用大概尤其反对[33]这个图示是纯粹描述性的。它描述和结构化任何方式（也包括明显不恰当的方式）的论证。论证正确与否，取决于使用前提的真实性、推理规则的有效性以及推理过程的逻辑正确性。法律适用

---

〔31〕 本段的所有引言参见 Neumann, Juristische Argumentationslehre（本部分脚注 25），S. 22 f.

〔32〕 在《论证的用途》（本部分脚注 30）第 7 页，他谈及了"一般化法理学"并且以亚里士多德的逻辑传统为基础。

〔33〕 Hilgendorf, Argumentation in der Jurisprudenz（本部分脚注 23），S. 84 f.

的三段论因此无论如何在某个方面比图尔敏图示更有效：它允许检验结论是否事实上（与确定的附加前提一起）从法治国制定法约束原则要求的制定法中产生。

4. 法律中的商谈哲学

法律基础研究最重要的讨论场域之一是法律商谈哲学，其特征是与语言关联尤其紧密。对此"法律与语言"的主题早已经讨论过。法律中的批判语言分析方面也发现了许多过往例证。[34] 当哲学商谈理论被阿佩尔（Apel）和库勒曼（Kuhlmann）构思并被哈贝马斯普及时，在 70 年代法律商谈哲学中分析哲学与语言哲学的影响与哲学商谈理论混合在了一起。

商谈哲学基本上是一种德国式发展。卡尔·波普尔在其著作《开放社会及其敌人》（Die offene Gesellschaft und ihre Feinde）中分析了 20 世纪极权主义的思想根源并且设计了作为敌对模型的以自由讨论和论证交流为基础之"开放社会"。作为非认知主义者（Nonkognitivist），他提出如下论证：道德价值与　43

---

〔34〕 Vgl. etwa D. Horn, Rechtsprache und Kommunikation. Grundlegung einer semantischen Kommunikationstheorie, 1996 mit Nachweisen zum älteren Schrifttum.

政治目标不是我们预先规定的；我们因此不能认识它们（如认知伦理学声称的那样），而是必须由我们确定它们。波普尔对他认定为纳粹在德国发展共犯的黑格尔之批判，极其明确地被终止了。[35]

60年代晚期哲学家卡尔-奥托·阿佩尔（Karl-Otto Apel）以如下命题闻名：人们反思语言的基础，波普尔式的"开放社会"模型以认知主义的方法作为"最终理由"（"letztbegründen"）。[36] 每个进行论证（这个概念可能被理解得相当宽泛）的人都已经认同某些特定的规则。任何对此加以否认的人都会"表述自相矛盾"并且如此反驳自己。阿佩尔将其哲学描述为"超验语用学"（"Transzendentalpragmatik"）。[37] 在阿佩尔看来某些特定的道德规则也属于作为商谈参与者的言谈者"一直"认可的规则。以此为基础人们也谈论"商谈伦理"。

阿佩尔的学生沃尔夫冈·库勒曼（Wolfgang Kuhlmann）进一步完善了商谈哲学，他在很大程度上

〔35〕 对此参见第三部分脚注59。

〔36〕 K. - O. Apel, Das Apriori der der Kommunikationsgemeinschaft und die Grundlagen der Ethik, in: ders., Transformation der Phiosophie, Bd. 2: Das Apriori der Kommunikationsgemeinschaft, 1973, S. 358-435.

〔37〕 W. Kuhlmann, D. Böhler（Hg.）, Kommunikation und Reflexion. Zur Diskussion der Transzendentalpragmatik. Antworten auf Karl-Otto Apel, 1982; A. Dorschel u. a.（Hg.）, Transzendentalphilosophie. Ein Symposion für Karl-Otto Apel, 1993.

将从批判理性主义［阿尔伯特、考特（Keuth）］方面对超验语用学之批判包含在内。差不多在 60 年代末期哈贝马斯与商谈哲学的伦理基础联系在了一起，但是他的方法被描述为"普遍语用学的"（"universalpragmatisch"）。在大众传媒中，就它们报道哲学的总体进展而言，早在 70 年代中期开始几乎只有哈贝马斯与商谈哲学相关联。因此并不令人惊讶的是，法学也首先承认哈贝马斯为商谈哲学的代表[38]，而作为理论真正奠基人的阿佩尔则几乎没有多少人了解。[39]

在法律基础研究中接受商谈哲学的一个令人印象深刻的例证是罗伯特·阿列克西 1978 年出版的著作《法律论证理论》（Theorie der Juristischen Argumentation）。[40] 阿列克西在其中将传统法律方法谈论的问题与分析哲学的方法（尤其是分析伦理学）和商谈哲学的观点联系起来。他的目标是建立一种"实践理性法典"类型的可靠论证规则。[41] "法律商

44

---

〔38〕 对法学最重要的著作是：Theorie des kommunikativen Handelns, 2 Bände, 1981；Faktizität und Geltung. Beiträge zur Diskurstheorie des Rechts und des demokratischen Rechtsstaats, 1992.

〔39〕 对于商谈哲学一个全面解读参见 A. Engländer, Diskurs als Rechtsquelle? Zur Kritik der Diskursphilosophie des Rechts, 2002；vgl. auch Hilgendorf, Argumentation in der Juriprudenz（本部分脚注 23），S. 158 ff.

〔40〕 R. Alexy, Theorie der juristische Argumentation. Die Theorie des rationalen Diskurses als Theorie der juristischen Begründung, 1978, 2., mit einem Nachwort versehene Aufl. 1991.

〔41〕 Theorie der juristischen Argumentation（本部分脚注 40），S. 234.

谈"被理解为"普遍实践商谈"的特殊情形。批评者可能反驳道,"法律商谈",例如在刑事诉讼中,只有以一种极端理想化的代价才能够被作为那种"不受控制的商谈"("herrschaftsfreien Diskurses")的特殊情形,哈贝马斯将它视为"普遍实践商谈"的特殊标志。[42] 阿列克西式商谈规则的根据也在商谈哲学中被批判——这些规则的"最终根据"根本不具有可能性。[43] 第三个指责涉及阿列克西著作称赞的某种经验哲学化的趋势。但是有待确定的是,通过其准确性追求与语言分析和哲学讨论方法的范围,阿列克西的阐述在法律基础研究中建立了新的标准。

5. 法律的科学理论

科学理论在 60 年代和 70 年代的法理论中发挥了重要作用。它属于法理论改革运动的核心,一方面被颂扬为一种从传统法教义学的狭隘中跨学科解放,另一方面被诽谤为"唯科学主义"并且被强烈拒斥。

---

〔42〕 Neumann, Juristische Argumentationslehre (本部分脚注 25),S. 86 ff. ; Hilgendorf, Argumentation in der Jurisprudenz (本部分脚注 23),S. 109 ff.

〔43〕 Hilgendorf, Argumentation in der Jurisprudenz (本部分脚注 23),S. 186 ff.

尽管有这种阻力，各个科学理论的问题分析与解决方案一直在法教义学中被采纳。这尤其发生在它们与传统法教义学或法理论方法相关联的地方，例如对法学科学特征、因果关系或者规范性与描述性构成要件特征的界定之阐述。

与法律科学相关的科学理论表现为两种形式。一种是卡尔·波普尔的批判理性主义，在德国汉斯·阿尔伯特是其坚定支持者和推进者；另一种是沃尔夫冈·施太格缪勒的科学理论，在其 1969 年出版的里程碑式的著作《分析哲学与科学理论的问题和成果》（Probleme und Resultate der analytischen Philosophie und Wissenschaftheorie）中他让德国的科学理论重新回归。施太格缪勒，鲁多夫·卡尔纳普的一个学生，首先是一个专业哲学家并且早已经与法学不相干。阿尔伯特相反，作为德国批判理性主义的主要代表，原来是经济学家并且对法学问题抱有强烈兴趣。[44]

有时候整个科学理论方法都试图转移到法学中，例如斯内德－施太格缪勒式（Sneed－Stegmüllerschen）结构主义，通过它理论可以得到"集合论式的详细说明"（"mengentheoretisch präzisiert"）。然而一种通

45

---

〔44〕 Vgl. auch Hilgendorf, Hans Albert zur Einführung（第三部分脚注7），S. 108 ff.

过集合论式详细说明的正当防卫教义学（Notwehr-dogmatik）的尝试[45]被解释科学理论的法学家忽视了；它太过复杂并且其法律科学成果几乎不存在。[46]

其他的作者试图将批判理性主义几乎不加修改地转用到法学中。[47] 然而这只能部分达到预定目的，因为批判理性主义的许多实质表现被修理成描述性论述并且明显的法律规范概念模糊状况被容忍。对此，波普尔用批判经验主义证实观念（Verifikations-gedankens）的证伪观念（Idee der Falsifikation）就是一个例子，（它）当然不再被作为感性标准（Sinnkri-terium），而是被作为科学与形而上学之间的界分标准（Abgrenzungskriterium）。严格意义上的规范无法"证伪"：人们最多可以说通过新的经验表明它们不合适（或"不好"或"不公平"）。[48] 法学中"证伪"可能性的争论是经验科学与非经验学科的理论

〔45〕 Th. Schapp, Theorienstrukturen und Rechtsdogmatik. Ansätze zu einer strukturalistischen Sicht juristischer Theoriebildung, 1989.

〔46〕 进一步的批判参见 Hilgendorf, Argumentation in der Jurisprudenz（本部分脚注23）, S. 87-108.

〔47〕 对这种方法的高要求尝试例如参见 Ch. von Mettenheim, Recht und Rationalität, 1984, und P. Schwerdtner, Rechtswissenschaft und kritischer Rationalismus, in: Rechtstheorie 1971, S. 67-94, 224-244.

〔48〕 Dazu R. Zippelius, Die experimentierende Methode im Recht, 1991, ND. in: ders., Recht und Gerechtigkeit in der offenen Gesellschaft, 2. Aufl. 1996, S. 21-38.

交流可能产生的特别问题的例证。

人们主要认可同时代科学争论的指导主题（Leit-themen），不再全盘接受所有科学理论方法。一个重要的主题是一般科学概念之建构，尤其是法学中的科学概念建构。当名义上和实际上的定义之传统区别在法学方法论中直到 60 年代为止占据支配地位时，定义绝不可能提供"本质知识"（"Wesenserkenntnis"）这个现在被普遍接受的观点，[49] 因此这总是涉及名义上的定义。人们从语义学视角区分了不同的概念形式与传统讨论的法学家语言和概念问题。[50]

其他的法理论分析涉及法教义学的一般主导概念（Leitbegriffen），例如"理论"[51] 或"真理"[52] 概念。法律科学直到今天还从部分超越专业哲学预先规定的概念区别之成效中获利。这尤其适用于因

〔49〕 科学概念批判的一个早期例子来源于法律实践者，参见 W. Scheuerle, Das Wesen des Wesens. Studien über das sogenannte Wesensargument im juristischen Begründen, in: AcP 163（1964），S. 429–471.

〔50〕 Herberger/Simon, Wissenschaftstheorie für Juristen（第三部分脚注 50），S. 226 ff.

〔51〕 R. Dreier, Zur Theoriebildung in der Jurisprudenz, in: Recht und Gesellschaft. Festschrift für Helmut Schelsky zum 65. Geburtstag, hg. von F. Kaulbach, und W. Krawietz, 1978, S. 103–132; auch in: R. Dreier, Recht, Moral, Ideologie. Studien zur Rechtstheorie（第二部分脚注 11），S. 70–195.

〔52〕 K. Adomeit, Zur Einführung: Rechtswissenschaft und Wahrheitsbegriff, in: JuS 1972, S. 628–634; ND. in: ders., Normlogik, Methodenlehre, Rechtspolitologie. Gesammelte Beiträge zur Rechtstheorie 1970 – 1985, S. 15–30.

果关系之争论，在争论中英格伯格·蒲培（Ingeborg Puppe）接受 80 年代初期沃尔夫冈·施太格缪勒的因果关系模型，他在关键点上再次依赖卡尔·古斯塔夫·黑幕佩尔（Carl Gustav Hempel）[53]。黑幕佩尔式的模型——人们常常谈论黑幕佩尔/奥本海姆模型（Hempel/Oppenheim-Schema）——令人惊讶地表现出与卡尔·恩吉施 30 年代初提出的"合法条件"理论（Lehre von der "gesetzmäßigen Bedingung"）相似的情况。[54] 其余争论再次围绕法教义学任务[55]或法律中悖论之意义。[56]

值得注意的是，科学理论家也参与了法学讨论。例如汉斯·阿尔伯特在 60 年代和 70 年代就是一个德国法理论形象的塑造者。他关于法学"社会技艺的"理解之建议[57]让许多传统导向的法律科学家激动不

〔53〕 黑幕佩尔的相关著作刊登在 C. G. Hempel, Aspekte wissenschaftlicher Erklärung, 1977.

〔54〕 K. Engisch, Die Kausalität als Merkmal der strafrechtlichen Tatbestände, 1931; vgl. auch E. Hilgendorf, Der "gesetzmäßige Zusammenhang" im Sinn der modernen Kausallehre, in: Jura 1995, S. 514–522.

〔55〕 Etwa R. Alexy, Theorie der juristischen Argumentation（本部分脚注40）, S. 307–334.

〔56〕 N. Hoerster, Zur logischen Möglichkeit des Rechtspositivismus, in: ARSP 1970, S. 43–59.

〔57〕 H. Albert, Traktat über rationale Praxis, 1978, III. Kapitel; zusammenfassend ders., Rechtswissenschaft als Realwissenschaft. Das Recht als soziale Tatsache und die Aufgabe der Jurisprudenz, 1993; vgl. auch Hilgendorf, Hans Albert zur Einführung（第三部分脚注7）, S. 108–114 m. w. N.

已，尽管似乎显得不合理，因为按情况而言（der Sache nach）社会技艺的范例从耶林以来以"目的法律思维"之名已经被普遍接受。另外一个有影响力的科学理论家是艾柯·冯·萨维尼，在其论文《刑法条文的可检验性》（Die Überprüfbarkeit der Strafrechtssätze）中他批判性地深入研究了联邦法院刑事审判团判决中的合法性论证。[58]卡尔·阿卡姆的科学理论和社会哲学著作也被多次阅读。[59]

一个令人惊讶的接受遗漏（Rezeptionslücke）是价值判断问题，尽管价值无涉预设之父马克斯·韦伯不止是个社会学家，也是是个法学家。60年代大多数法学家和法理论家甚至不接受韦伯式预设[60]为知识（Kenntnis），而是将"价值无涉"这个词与否定意义的概念如"实证主义""虚无主义"和"决断论"（"Dezisionismus"）相关联。在此实证主义的混乱争论发挥了作用。[61]

如果人们在相互关联中概览同时代科学理论的接受，那么这个对照（Bilanz）是模棱两可的。在许

---

〔58〕 E. von Savigny, Die Überpruefbarkeit der Strafrechtssaetze, 1967.

〔59〕 参见其归纳性的手册式阐述：《社会科学之哲学》（Philosophie der Sozialwissenschaften）1983年版。

〔60〕 更详细的参见上面第18页脚注（页边码，下同）。

〔61〕 一种修正的尝试参见 Hilgendorf, Das Problem der Wertfreiheit in der Jurisprudenz（第二部分脚注20）。

多情形中新建议的实践重要性（Praxisrelevanz）之证实是有问题的。另一方面，对德国法学传统明显的不理解和不经反思的坚持与延伸到法教义学中的严苛接受努力（Rezeptionsbemühungen）形成广泛的对立。这一点直到今天也没有多少改变。

6. 法律与社会科学

"法律与社会科学"[62] 领域在 1965 年以后属于最重要的新主题领域。[63] 社会科学改革运动部分以法社会学旗帜出场，（法社会学）作为一门早已不新鲜的法学基础学科，它从 60 年代中期开始蓬勃发展。但是多数人将社会科学的贡献理解为对传统法学及其基础学科的外在批判。60 年代中期开始涌入的社会科学工作的大潮直到今天还令人惊叹不已。瑙克

48

---

〔62〕 对此也可参见——尽管以特殊的方式通过卢曼和哈贝马斯的"宏大理论"（"Großtheorien"）确定下来——如下阐述：G. Bender, Rechtssoziologie in der alten Bundesrepublik. Prozesse, Kontexte, Zäsuren, in: D. Simon（Hg.）, Rechtswissenschaft in der Bonner Republik 1994, S. 100 ff. 更强烈以科学细节为导向的参见 K. F. Röhl, Zur Bedeutung der Rechtssoziologie für das Zivilrecht, in: H. Dreier（Hg.）, Rechtssoziologie am Ende des 20. Jahrhunderts. Gedaechtnissymposion für Edgar Michael Wenz, 2000, S. 39–85.

〔63〕 对于这种情形参见 M. Rehbinder, Entwicklung und gegenwärtiger Stand der rechtssoziologischen Literatur. Materialien zur Rechtssoziolgie, in: Kölner Zeitschrift für Soziologie und Sozialpsychologie 16（1964）, S. 533 ff.; E. H. Hirsch, M. Rehbinder（Hg.）, Studien und Materialien zur Rechtssoziologie, 1967.

（Naucke）于 1972 年就已经认为，存在如此多的关于"社会科学和法律"主题文献，以至于人们能够将其作为 法学的次级学科。[64] "通过社会科学你意欲何为？"——这几乎突然就成了德国法学的棘手问题。[65] 套用鲁迪格·劳特曼（Rüdiger Lautmann）的话说，社会学已位于"法学的门前"，[66] 并且对有些惶然不安的旧式法学家来说"法学作为社会科学"[67] 被推动的时代已经不再遥远。

这种持续大约只有 10 年然而非凡的繁荣之原因首先应该可以在法学之外寻求。社会科学在 60 年代成为一门新的时髦学科。许多对其专业状况并不满意的法学家希望通过社会科学的帮助改建符合时代精神的法律。他们认为，社会科学不仅能够——作为经验学科——帮助提出新的法律问题而且能够提供可用的事实知识。在一种"规范"社会科学的形态中，新发现的相关学科也应该提供法律的改建，更确切地说确认"进步目标"（"progressive Ziele"）的合法性。因此这一直也涉及法律批判和法律改革。这样一种"规范社会科学"模型是法兰克福学派的

〔64〕　W. Naucke, Über die juristische Relevanz der Sozialwissenschaften, 1972, S. 9.

〔65〕　Ibid.

〔66〕　R. Lautmann, Soziologie vor den Toren der Jurisprudenz, 1971.

〔67〕　这是 H. 罗特洛伊特纳 1973 年出版的富有启发性的书名。

批判理论。[68]

49　　　教义学学科（其中规范被解释并且"具体构成要件"被涵摄）作为一种规范性的法学传统被明确拒绝。社会科学导向法学的拥护者指责法律适用的"涵摄模式"[69]无视法律判决的真正有效因素；法律适用者不是纯粹的"涵摄自动售货机"。另一方面传统法律适用模型被批判为"实证主义的"，因为法律判决实践的社会后果被隐去。如此被要求的法学最终应该专心致志于实际性（Wirklichkeit）。人们期盼通过社会科学的帮助将法律思想从所谓保守的形式主义桎梏中解放出来，削弱其与国家的密切关系（Staatsnähe）并且为一种"进步的法学"扫清道路。对经常受新马克思主义鼓动的"进步要求"早就持有怀疑的作者，例如赫尔姆特·谢尔斯盖（Helmut Schelsky），也要求法学对社会科学开放：

　　　　"没有系统的对适用法律的社会实际性任务的现实通告（Realitätsinformierung），法学家的实际性意识不再胜任……对于现代法律在其适

---

　　〔68〕　法兰克福学派在报告期（Berichtszeitraum）的全面影响参见 Albrecht u. a., Die intellektuelle Gründung der Bundesrepublik（第三部分脚注3）。

　　〔69〕　令人惊讶的是，这个好像几乎没有被认真拥护过的模型（参见本部分脚注20和脚注21）多久一次被反驳。人们可以谈论一种属于自己的"反涵摄文献"种类。

用中所针对的世界，不再必须通过高中教育和法律学业掌握，毋宁通过系统—方法的，亦即社会科学的知识，对法律和制定法负责任的适用需要确定它所针对的其他人实际性。法律应该对其有效的世界之现实性必须通过社会科学的交流加以把握。"[70]

　　法学家对于自足的（selbstgenügsamen）形式主义之批判部分是合理的，部分远远超出其目标。德国法学并没有完全和经验学科分开，尽管因此"法教义学"的"规范"工作与"纯经验"之间存在对立。这似乎最晚从20世纪初以来成为属于训练有素的一般法学家的自我认知（Selbstverständnis）。20世纪法学与社会科学之间富有成效的合作之最重要例子是犯罪学、弗兰茨·冯·李斯特（Franz von Liszt）的"社会学的刑法学"、阿图尔·努斯鲍姆（Arthur Nussbaum）的法律事实研究以及与鲁多夫·冯·耶林（Rudolf von Jhering）相关联的菲利普·黑克（Philipp Heck）的利益法学。[71] 法学与社会科学进行更紧密

　　〔70〕 H. Schelsky, Nutzen und Gefahren der sozialwissenschaftlichen Ausbildung der Juristen, in: JZ 1974, S. 410-416 (411).

　　〔71〕 现在对于黑克的深入研究参见 H. Schoppmeyer, Juristische Methode als Lebensaufgabe. Leben, Werk und Wirkungsgeschichte Philipp Hecks, 2001.

50　　合作的极富影响力的支持者如谢尔斯盖和阿尔伯特，因此能够直接与耶林联系起来。

　　法律与社会科学新合作发生的广阔领域极其简明地得以结构化如下：

　　（1）法律的功能（例如与传统法律安定性与正义二元论相对的法律目标和任务，人类学的法律研究）。

　　（2）法律规定（例如通过社会科学帮助的规则问题之理解、描述和澄清，立法过程的分析，利益群体的影响，有成效的规范化条件，立法理论，理性的、更确切地说科学引导的法政治学的可能性，制定法的效果）。

　　（3）法律科学（例如针对法教义学的社会科学知识的意义，法律事实研究）。

　　（4）法律适用（例如法律适用者判决行为的实际决定因素，通过裁量空间填充的后果导向，例如通过不确定法律概念的解释或自由裁量和量刑）。

　　（5）法律的权杖（例如来源、社会化因素、法学家的阶层属性和价值导向，诉讼代理人的影响）。

　　（6）机构（行政机关、法院、议会和大学的社会学分析）。

　　（7）法律教育（尤其是传统法律教育与单级法律教育对比）。

　　（8）犯罪学（例如异常行为社会学）。

（9）法律与社会的相互作用（例如通过法律的行为控制，合法化，大众传媒与法律）。

（10）社会模型（例如开放社会，风险社会）。

这样那样的（diese und andere）主题尤其在70年代被全力地并且在一定程度上激烈地被讨论。之后讨论就如出一辙地迅速减弱。直到80年代还牵涉其中的最后大讨论围绕社会的合法化（Verrechtlichung）问题展开。值得注意的是，在此这不再涉及通过（附加的）法律的社会控制，而是通过法律的可调整性界限（并且因此最终涉及减少法律的可能性）。直到今天还有效的关于"风险社会"合法状态和刑法的界限之讨论是这次讨论的分支。[72]

对法学与社会科学紧密联系的批判一方面与大多数太过伟大的、常常简直是乌托邦式的改革者期望相关，另一方面与许多观点的理论负荷（Theorielastigkeit）相关，这些观点对于法学实践需求的重要性有充分的理由被怀疑。[73] 一个重要的批判点（Kritikpunkt）是许多社会科学论辩的法理论家的这种倾向，即通过自己的政治或道德立场添加事实阐

51

---

〔72〕 总结参见 W. Hassemer, Produktverantwortung im modernen Strafrecht, 2. Auf. 1996 mit Besprechung von Hilgendorf, in: JZ 1996, S. 611.

〔73〕 因此例如 Naucke, Über die juristische Relevanz der Sozialwissenschaften（本部分脚注64），S. 69 ff. ; vgl. aber auch Opp, Soziologie im Recht, 1973, S. 41 ff.

述。[74] 尤其是考虑到将社会科学牢牢确立在法律教育中的普遍要求，最终被指责为对法学家要求过高，因为他们除了教义学工作外还必须学会社会科学的技术和内容方面的知识。

通过这个回顾我们可以看到，这个批判在许多观点上是正确的。法律与社会科学之间简短但是极其集中的交流之积极成果[75]还是可以被看到。这可以说是在效果上暧昧不明。尤其要在根本上增强法学家的经验条件及其行为的后果之意识。安于现状的（selbstgenügsame）法学涵摄专家在今天不再存在（如果他曾经应该存在），并且因此恰恰从事实践活动以及在各种情况下尤其疏远社会科学的法学家可能很好地意识到他们行为的社会效果。

7. 系统理论

"系统理论"的概念包含一整束（ganzes Bündel）不同方法。[76] 德国法理论最富影响力的变种，即结

---

〔74〕 这批判如下例子的价值判断问题：Naucke, Über die juristische Relevanz der Sozialwissenschaften（本部分脚注 64），S. 66 f.（参见第二部分脚注 22）。

〔75〕 像作者一样把法律理解为（应用的）社会科学的人会更喜欢"法律和其他社会科学"这个表述。

〔76〕 概览参见 A. Büllesbach, Systemtheoretische Ansätze und ihre Kritik, in：Kaufmann/Hassemer, Einführung in Rechtsphilosophie und Rechtstheorie der Gegenwart（第三部分脚注 48），S. 428-457.

构—功能的系统理论，来源于尼古拉斯·卢曼　52
（Niklas Luhmann，1927–1998），他以塔尔科特·帕
森斯（Talcott Parsons）［和罗伯特·默顿（Robelt
Merton）］为依据。卢曼原本就是法学家；在多年的
公共行政工作中他获得了其法社会学工作能够使用的
丰富实践经验。结构—功能的系统理论远不只是纯粹
的法理论。此外它对法律、其结构和方式的见解来自
一个"知情人"。因此卢曼式的理论不同于大多数其
他的理论方法（Theorieansätzen），它们从 1965 年起被
德国法理论采纳。

　　鉴于卢曼庞大的新闻生产力及其工作非同寻常
的复合价值（Facettenreichtum），只概述其法理论核
心之作品部分看起来是合适的。卢曼认为法律构成
一个系统，一个从其周围环境中提炼出来的关系构
造。法律系统是社会的子系统（Teilsystem）；其他的
子系统如经济和政治等。卢曼将法律视为一种关联的
相互作用（Wechselspiel von Kommunikation）。法律中
的所有关联被导向合法/非法的主导抉择（Leitentsc-
heidung）。对卢曼来说重要的是，在法律中（合法
的）关联，通过（合法的）关联来回应（erwidert
wird）。新的合法重要关联通过这种方式产生。因此
根据卢曼的观点，系统具有一种走向传统纯生命表
现的能力，即自我保存、"自创生"（"Autopoiese"）

能力。当卢曼认为法律系统具有自我观察（Selbst-beobachtung）的能力时，他还继续推进生命的类比。当系统通过其工作观察自身时，在卢曼看来它生产了其同一性。

卢曼并不试图发展合法规范评价的标准，因此他的论证并非规范性的，取而代之的是他满足于"法律"系统以及在其中发生的关联之观察。[77] 但是系统理论也不是经验性的，意即它的论述并不是通过事实被检验并且据此一旦有需要就被修正。它只是以某些概念规定的区分为基础：

> "它的起点是一种重言的（tautologische）、形式的、无内容的回答，它只意味着，所有进一步的分析将以一种套套逻辑（Tautologie）'展开'（并且不作为从公理出发的逻辑推论）的身份出现。"[78]

53   对作为科学理论出现的思维大厦来说，这是一个令人惊讶的开端。鉴于其非规范的、重言的起点，卢曼的系统理论原则上已经不同于规范社会理论，

---

[77]　系统理论纯粹的观察者身份总是被卢曼的拥护者强调，最近一次参见 G. Roellecke, Das Recht von außen und von innen betrachtet. Niklas Luhmann zum Gedächtnis, in: JZ 1999, S. 213-219（214 und passim）.

[78]　N. Luhmann, Das Recht der Gesellschaft, 1993, S. 56.

例如阿多诺和霍克海默（Horckheimer）的批判理论，
但也不同于以经验为基础的改革—社会技术的计划，
像它在批判理性主义（阿尔伯特、波普尔）等中被
建议的那样。针对卢曼系统理论的主要批评因此自
始在于这个问题：对法律而言系统理论的真正成果
在何处。

卢曼用一种这样的语言写作，它由于其大量概
念上的新词（Neuprägungen）[79]和以其自身为对照
（Antithesen）的表述，尤其对新接纳的全体读者而言
很难被理解。此外他的系统理论蔓延到了法律之外
并且被他构想为一般的社会理论，甚至完全作为
"在世界中生活的普遍理论"。[80]两种状况都将卢曼
的系统理论回溯至一种令人惊讶的与黑格尔形而上
学的亲密关系。[81]特殊的推动力来自卢曼的"纯粹
客观性"姿态，通过这种姿态他（有意识或无意识
地）总是挑起其所有读者的道德意识。一个这样的
例子是他的"通过程序的正当化"命题。[82]无需否

〔79〕 在这期间应该存在破译卢曼语言的个人词典，参见 D. Krause,
Luhmann-Lexikon: eine Einführung in das Gesamtwerk von Niklas Luhmann,
3. Aufl. 2001.

〔80〕 Röhl, Allgemeine Rechtslehre（第二部分脚注 23），S. 424.

〔81〕 这从卢曼的拥护者们那里也可以看到，例如参见 Roellecke,
Das Recht von außen und innen betrachtet（本部分脚注 27），S. 215.

〔82〕 N. Luhmann, Legitimation durch Verfahren, 1969.

认，合法判决的正当化以及由此产生的它的可接受性，通过判决获得的程序的法律服从，能够从根本上得到提高。对这种相互关联的研究是经验心理学和社会学的一个任务。一个完全不同的问题是，除此之外是否还有其他的标准存在，对于这些标准来说合法的判决应该是恰当的。许多读者认为卢曼会否认第二个问题，但是这意味着，卢曼自己必定与规范立场相关——这被严厉拒斥了。"通过程序的正当化"这种陈词滥调的——夸张的？——矛盾心理（Ambivalenz）是对卢曼在法理论中但也在此之外进行批判的一个根本原因。[83]

8. 马克思主义法理论 *

尽管在柏林墙倒塌和东欧联盟（Ostblock）垮台之后马克思主义法理论几乎不会（在德国）再现，它还是属于 1965 年与 1985 年之间法理论领域的重要因素。因此它必须在这里被讨论。此外至少还有三个原因使得马克思主义法理论不能完全被

---

〔83〕 Vgl. K. Ameldung, Der frühe Luhmann und das Gesellschaftsbild bundesrepublikanischer Juristen. Ein Beitrag zur deutschen Rechtsgeschichte im 20. Jahrhundert, in: Festschrift für Klaus Luederssen, hg. von C. Prittwitz u. a., 2002, S. 7-16（12 ff.）.

　＊ 本部分内容译者有所删减。——译者注

遗忘：

一方面，马克思主义法律思维的复兴被披上了新的外衣，（它）不是被作为毫不考虑的，甚至可能被作为值得向往的：一种新的根本异议可能有助于捍卫西方自由社会免于片面性和言过其实。1989 年占优势的西方世界理念（如市场经济、自由主义或"开放社会"）需要长期的批判和检验，如果它们要保持说服力和活力。

另一方面，在 60 年代晚期和 70 年代，某种形式的马克思主义法理论之进一步研究是富有启发的，因为它能够让人们看到这些危险：偏重"脱离实际的理论"（"Theoretisierens"）形成了经验上可检验事实之负担。

第三个理由，马克思主义法理论的研究显得并不过时的原因在于，许多今天还具有权威的法理论家和法哲学家受它影响，尽管他们在今天不再为此辩护。各种马克思主义教义和原理作为某种由共同经验塑造的论证风格和这样一种生活状态，例如它在对 50 年代始终极具批判性的姿态及其精神生活中发现了其表达。

马克思主义法理论，正如它在 20 世纪 60 年代晚期和 70 年代被讨论的那样，并非同质学说体系，而是针对完全不同理念和理论方法的上位概念（Ober-

begriff)。[84] 在西德它可能和传统立场几乎没有关联。一个罕见的例外是马堡政治学家沃尔夫冈·阿
55 本德罗特（Wolfgang Abendroth），[85] 法学家也有他的学生。[86] 就魏玛共和国[87]和帝国晚期[88]的司法批评传统而言，除了偶然的个人接触之外，直接的关联似乎并不存在。无论如何值得注意的是社会民主党法哲学家和司法部长古斯塔夫·拉德布鲁赫，通过其界定实证法效力的"拉德布鲁赫公式"已经从根本上影响了50年代的讨论。作为一个有影响力的马克思主义法理论家奥斯卡·内格特（Oskar Negt），在一场由他于法兰克福大学主办的1968/1969年法哲学学术研讨会中，当拉德布鲁赫的小文章《五分钟

---

〔84〕 例如参见如下文集：N. Reich (Hg.), Marxistische und sozialistische Rechtstheorie, 1972 (klassische Texte von Lasalle bis zu Gegenwart, informative Einleitung des Herausgebers); H. Rottleuther (Hg.), Probleme der marxistischen Rechtstheorie, 1975. 政治方面的内容部分可参见 F. Hitzer, R. Opitz, Alternativen der Opposition, 1969; J. Seifert, Kampf um Verfassungspositionen. Materialien über Grenzen und Möglichkeiten von Rechtspolitik, 1974.

〔85〕 对其生平和著作的概览参见 D. Sterzel, Wolfgang Abendroth (1906-1985). Revolutionär und Verfassungsjurist der Arbeiterbewegung, in: Kritische Justiz (Hg.), Streitbare Juristen (第三部分脚注 10), S. 476-486.

〔86〕 Vgl. N. Paech, G. Stuby (Hg.), "Wider die herrschende Meinung". Beiträge für Wolfgang Abendroth, 1982.

〔87〕 Vgl. Th. Rasehorn, Justizkritik in der Weimarer Republik. Das Beispiel der Zeitschrift "Die Justiz", 1985.

〔88〕 D. Joseph (Hg.), Rechtsstaat und Klassenjustiz. Texte aus der sozialdemokratischen "Neuen Zeit" 1883-1914, 1996.

法哲学》（Fünf Minuten Rechtsphilosophie）在许多会议中被激烈讨论时[89]，（他）因此报道了一个独特的超越专业和超越传统的（拉德布鲁赫直到今天还在施加的）效果之例证。[90]

为了尽快了解 70 年代散布不均的讨论，我们可以将诸理论作出如下分层："经典作家"马克思和恩格斯的（相对少量的）论述，通过早期马克思主义作家如佩特里斯·斯度西德（Peteris Stučka）[91] 或奥根·帕舒卡尼斯（Eugen Paschukanis）[92] 这种方法得以延续；同时代的马克思主义法理论学说来自"真正社会主义"（"realen Sozialismus"）[93] 阵营；马

---

〔89〕 O. Negt, Achtundsechzig. Politische Intellektuelle und die Macht, 1995, Neuausgabe 1998, S. 66. Vgl. auch W. Paul, Gustav Radbruchs Konzepton des sozialen Rechts und die marxistische Rechtstheorie, in: A. Kaufmann (Hg.), Gedächtnisschrift für Gustav Radbruch, 1968, S. 107 ff.

〔90〕 对此也参见 E. Hilgendorf, Gustav Radbruch–Jurist und Kulturphilosoph, in: Universitas 2004, S. 146–161.

〔91〕 P. I. Stučka, Die revolutionaere Rolle von Recht und Staat, 1921, 3. Aufl. 1924; dt. Ausgabe (mit einer Einleitung von N. Reich) 1969.

〔92〕 E. B. Paschukanis, Allgemeine Rechtstheorie und Marxismus, 1924, 3. Aufl. 1929; dt. 1929, Nachdruck 1966；详细的评论以及马克思主义法理论的杰出书目参见由 H. 克雷勒（H. Klenner）和 L. 马木特（L. Mamut）1991 年主编的新版本。

〔93〕 特别令人感兴趣的是赫尔曼·克雷勒（Hermann Klenner）的文章。他的著作的目录可参见 G. Haney, W. Maihofer, G. Sprenger (Hg.), Recht und Ideologie. Festschrift für Hermann Klenner zum 70. Geburstag, 1996, S. 514–552, mit Fortsetzung in: dies. (Hg.), Recht und Ideologie in historischer Perspektive. Festschrift fuer Hermann Klenner II, 1998, S. 352–356.

56 克思主义的"异己分子"如恩斯特·布洛赫（Ernst
    Bloch）[94] 或乌姆贝托·赛罗尼（Umberto Cerroni）[95]
    的立场；来自传统批判理论（法兰克福学派）圈子
    的马克思主义导向之法理论家和社会研究者的分析
    以及最终法兰克福学派晚近（jüngeren）一代的新马
    克思主义方法和理论大厦。此外，法学家和受过法
    学教育的法理论家和法哲学家观点之形成，他们经
    历了从原则上赞同[96]到怀疑性权衡[97]一直到尖锐的
    批判[98]。

    许多马克思主义法理论家也投身法政治学，例如
    在宪法和劳动法中。一些人早已经遵循分析哲学［例
    如胡贝特·罗特洛伊特纳（Hubert Rottleuthner）］，
    多数人在实证主义冲突中争斗但是由于他们与传统
    人文科学（Geisteswissenschaft）、普遍诠释学和"批

---

〔94〕 E. Bloch, Naturrecht und das menschliche Würde, 1961.

〔95〕 U. Cerroni, Marx und das modern Recht, 1974 (ital. 1962).

〔96〕 W. Paul, D. Böhler, Rechtstheorie als kritische Gesellschaftstheo-
rie, in: Rechtstheorie 1972, S. 75 ff. , W. Paul, Marxistische Rechtstheorie
als Kritik des Rechts. Intentionen, Aporien und Flogen des Rechtsdenkens von
Karl Marx–eine kritische Rekonstruktion, 1974; H. Wagner, Recht als Wider-
spiegelung und Handlungsinstrument. Beitrag zu einer materialistischen Rechts-
theorie, 1976.

〔97〕 W. Maihofer, Demokratie im Sozialismus. Recht und Staat im Den-
ken des jungen Marx, 1968.

〔98〕 F. C. Schroeder, Fünfzig Jahre sowjetische Rechtstheorie, in:
R. Maurach, B. Meissner (Hg.), 50 Jahre Sowjetrecht, 1969, S. 52-77.

判的"新马克思主义的关联而偏向晚近的"法兰克福学派"。随着（在德国）新马克思主义浪潮的减弱和有影响力的新马克思主义理论家向商谈哲学的转向[99]，马克思主义法理论也从（德国）公众意识中消退。大约 70 年代末，除了在某些大学的场所相对封闭的讨论和宣传社团之外，它再也没有（在德国）发挥特别的作用。

9. 政治的法理论

除了马克思主义法理论之外在 60 年代还有其他从政治视角批判法律及其代言人的理论阵营。（它们）没有被理解为"马克思主义的"，而是常常名之以"社会主义的"或"唯物主义的"法理论，"政治的法理论"这个名称也反复出现。马克思主义法理论的界限是流动的。政治的法理论主要关注的问题是对既有法律和现实法律政治方案的批判性阐释。最重要的主题领域是国家和宪法、劳动法、政治性刑法和刑事诉讼法、示威法（Demonstrationsrecht）、财产法、性刑法（Sexualstrafrecht）、政治性司法、犯罪学、经验性的司法批判（阶级司法）以及法律教育。大约

57

---

[99]　Vgl. oben S. 43.

从 80 年代初期以来"女性和法律"成了主题。[100]

政治的法理论在只对法理论感兴趣的法学家圈子之外影响巨大。政治法理论的许多辩护人在 1968 年创立的期刊《批判司法》（Kritische Justiz）上发表意见。人们试图从各种形式的纯粹"法学家哲学"（"Juristen-philolophie"）中明确脱离出来。[101] 鲁多夫·韦德霍乐特（Rudolf Wiethölter）1968 年出版的《法律科学》（Rechtswissenschaft）[102] 一书成为"畅销书"，它属于 70 年代最畅销的法律导论作品并且因此也超出法学之外被阅读。另外一本将民主立宪国家中的法律教育和司法实践作为核心的有影响力的导论作品来自阿里弗雷德·林肯（Alfred Rinken）。[103] 名声远超法学界的是法史学家乌韦·维泽尔（Uwe Wesel）及其司法批判分析。[104]

〔100〕 对于 80 年代以来德国"法律女性主义"核心主题的概览参见 S. Baer, Rechtswissenschaft, in: Ch. von Braun, I. Stephan（Hg.）, Gender Studien. Eine Einführung, 2000, S. 155-168; Hilgendorf, Sinn und Unsinn geschlechtsspezifischer Differenzierungen im Strafrecht, in: C. Kreuzer（Hg.）, Frauen im Recht-Entwicklung und Perspektiven, 2001, S. 111-130, beide m. w. N.

〔101〕 示范性的例子参见 H. Rottleuther, Juristenphilosophie, in: KJ 1970, 476-478.

〔102〕 R. Wiethölter, Rechtswissenschaft. Unter Mitarbeit von R. Bernhardt und E. Denninger, 1968.

〔103〕 A. Rinken, Einführung in das juristische Studium, 1977, 3. Aufl. 1996.

〔104〕 Vgl. etwa U. Wesel, Juristische Weltkunde. Eine Einführung in das Recht, 1984, 8. Aufl. 2000.

创造一种新的法律表达形式，即"可供选择的
评注"（"Alternativkommentare"），这种令人感兴趣的
尝试来源于政治法理论的社会环境。评注以鲁多夫·
瓦瑟曼（Rudolf Wassermann）为总主编于 1979 年起
在吕克汉德出版社（Luchterhand-Verlag）出版。当
它们让人认识到制定法解释的空间并且将许多法律
适用者保守的"前理解"作为问题加以讨论时，它
们应该可以为贯彻改革法学的计划做出贡献。[105] 在
1979 年 5 月《可供选择的评注导言》（Geleitwort zu
den Alternativkommentaren）中论述如下：

> "可供选择的评注（对于它们而言法律实践 58
> 和法律教育一样不能躲避）是一种对紧迫问题
> 的回答，如果它们想让社会的法律变得公正。
> 出发点是这样的认识：联邦德国发生的从（传
> 统）自由法治国到社会法治国的过渡通过深刻
> 的法律变革被标识，这些变革一方面是社会、
> 技术和经济发展所达到的状态的结果，但是另
> 一方面它们也为在一种秩序中的社会生活形态
> 设定目标，对于所有联邦共和国公民而言这个
> 目标应该保证最大程度的自由和社会正义。"

---

〔105〕 大量关于这种新法律表达形式利弊的文章刊登在《可供选择
的评注：要求和批判》，1987 年版（没有主编署名）。

政治的法理论直到今天为止还从根本上为德国法文化的观点多元化和思想活力做出贡献。它以前为数不少的辩护人早就属于"有影响力的法律阶层"（"juristischen Establishment"）。大量存在的片面性和夸大其词在今天通常被遗忘；一些改革者完全变成老练的保守分子。政治的法理论实现了它的主要目标，即德国法学家政治意识的改变和敏锐化。政治的法理论是几代人的工程（Generationenprojekt），尽管比其他的法理论分支稳固（stärker），现在因为大部分目标被实现，它也逐渐走到了尽头。

10. 纯粹法理论

汉斯·凯尔森与古斯塔夫·拉德布鲁赫都是 20世纪最著名的德语法学家。他和拉德布鲁赫一样，以前属于"左派"、德语法学的自由—民主传统学派。他们俩在 1933 年已经失去职务，凯尔森甚至必须流亡国外并且首先在日内瓦和布拉格，自 1940 年起在美国伯克利任教。他的"纯粹法理论"在战争期间已经属于重要的法理论范式。[106]

由于其法理论主要作品《纯粹法理论》（Reinen Rechtslehre），故凯尔森完全被视为法实证主义者。

---

[106]　Vgl. oben S. 14.

这个分类不算错误，但还是不完整。凯尔森的科学著作范围从国家和行政法到政治哲学、民主理论、意识形态批判和法理论一直到法律和文化社会学。在法律当代史中值得注意的是，德国凯尔森的著作自 1945 年以后也被忽视。奥地利则努力在维护和传播凯尔森的作品。1972 年"汉斯·凯尔森研究所"在维也纳成立，它的任务是促进和表现纯粹法理论在国内外的发展。这个研究所，存续超过三十年，在此期间，在这个任务上取得了许多成果。1974 年鲁多夫·A. 梅塔勒（Rudolf A. Metall）出版了《纯粹法理论 33 论》（33 Beiträge zur Reinen Rechtslehre），其中来自法理论维也纳学派圈子的有分量的解读文章再次被介绍给更多的读者。从 1974 年起汉斯·凯尔森研究所出版了系列丛书，在其中关于凯尔森的重要会议和相关专题著作被出版。研究所负责人库特·林霍费（Kurt Ringhofer）和罗伯特·瓦尔特（Robert Walter）1979 年出版了凯尔森遗留的、内容丰富的关于《规范的普遍理论》（Allgemeine Theorie der Normen）的手稿。这部包含了对更普遍方式（Art）的规范理论思考的著作令许多人感兴趣并且迅速被翻译成多种语言。直到今天为止凯尔森的著作被广泛阅读并且激烈地讨论。因此人们将他称为"世纪法学家"不是没有理由的。[107]

在 60 年代中期法理论转折之后，德国对凯尔森的保留得以持续。一个对凯尔森有深入研究的少数德国法理论家，是乌尔里希·克卢格。[108] 霍斯特·德莱尔（Horst Dreier）的著作《汉斯·凯尔森的法律理论、国家社会学和民主理论》（Rechtslehre, Statssoziologie und Demokratietheorie bei Hans Kelsen）于 1986 年出版。[109] 然而这些恢复凯尔森在德国的名誉的努力仍然没有取得显著成效，尽管凯尔森的意识形态批判著作[110]不仅恰好符合法理论科学的基本要求，而且也符合其许多主要辩护人的政治信念。1965 年以后凯尔森不仅在法理论和法哲学中而且在

〔107〕 O. Weinberger, Hans Kelsen als Philosoph, in: ders., Normentheorie als Grundlage der Jurisprudenz und Ethik. Eine Auseinandersetzung mit Hans Kelsens Theorie der Normen, 1981, S. 179 - 198 (179); vgl. auch H. Dreier, Hans Kelsen (1881 - 1973): "Jurist des Jahrhunderts"?, in: H. Heinrichs u. a. (Hg.), Deutsche Juristen Jüdischer Herkunft, 1993, S. 705-732.

〔108〕 汉斯·凯尔森的纯粹法理论以及对从应然到实然虚假推理的批判之形式逻辑法律论辩参见 S. Engel, R. A. Métall (Hg.), Law, State and International Legal Order: Essays in Honor of Hans Kelsen, 1964, S. 154-169; ND. in: U. Klug (Hg.), Skeptische Rechtsphilosophie und humanes Srafrecht. Bd. 1: Rechts- und staatsphilosophische Analysen und Positionen, 1981, S. 99-114.

〔109〕 2. Aufl. 1990.

〔110〕 H. Kelsen, Aufsätze zur Ideologiekritik, mit einer Einleitung hg. von E. Topitsch, 1964.

法教义学中也还是个局外人。[111]

采取这些保护策略的理由是各式各样的：一方　60
面自由法律实证主义的传统成见发挥过作用（并且
还在发挥作用），它从 20 世纪 20 年代起源，无缝对
接 50 年代和 60 年代早期，1965 年以后还在持续。
拉德布鲁赫的定理（Satz）被热烈地接受，他的"制
定法是制定法"的公式法律实证主义使得法学家无
力对抗国家社会主义的法律思维。[112] 像凯尔森这样
的实证主义者从没有为这个公式辩护，他和其他一
些人直到最后都投身于魏玛共和国且他自己属于国
家社会主义清洗运动的首批被害者，这些都被无视
或有意识地忽略。对凯尔森的批判通过如下被减轻：
人们将他的著作与作为法律普遍结构理论的"纯粹法
理论"等同起来并且指责他不仅忽视法律的道德—
政治问题，也不关心法律社会学的问题。凯尔森在

---

〔111〕　对此的一个例子是这个事实：在诺依曼对德国 1945 年以来法
哲学历史的概览中（参见前面第一部分"研究现状的提示"）凯尔森不
止一次被提及。

〔112〕　G. Radbruch, Gesetzliches Unrecht und uebergesetzliches Recht,
in: JZ 1946, S. 105-108（107）; ND. in: Gustav Radbruch Gesamtausgabe,
Bd. 3（Rechtsphilosophie III）, bearbeitet von W. Hassemer, 1990, S. 83-
93. Zur Radbruch'schen Formel näher H. Dreier, Gustav Radbruch und die
Mauerschuetzen, in: JZ 1997, S. 421-434; E. Hilgendorf, Recht und Moral,
in: Aufklärung und Kritik 2001, S. 72-90, und M. Walther, Hat der juris-
tische Positivismus die deutschen Juristen wehrlos gemacht?, in: KritJ 1988,
S. 262-280.

法律和世界观的社会学（Weltanschauungssoziologie）以及民主理论方面的工作和他的法政治学工作，例如违宪审查（Verfassungsgerichtsbarkeit），一样被略去。

但是对自由实证主义的抵触情绪也在专业法学之外得到拥护。在批判理论的拥护者看来，"实证主义"是一种诅咒并且是用来诽谤实证主义争论中的敌人，亦即批判理性主义的。汉斯-约阿希姆·达姆斯（Hans-Joachim Dahms）强调，"批判理论家"特奥多尔·W. 阿多诺（Theodor W. Adorno）和马克思·霍克海默（Max Horkheimer）对"实证主义"的厌恶可追溯到20个世纪30年代并且最初针对的是维也纳圈子中从事社会哲学的代表［尤其是奥托·纽拉特（Otto Neurath）］。[113] 与批判理性主义这种传统敌对关系的传递是强烈的，因为它的主要代表，卡尔·波普尔和汉斯·阿尔伯特，恰恰始终强调他们与维也纳新实证主义的距离。[114] 波普尔甚至表明，正是他，"杀死了"新实证主义[115]（一个人们可能带着

---

〔113〕　Dahms, Positivismusstreit（第三部分脚注7），S. 97 ff.

〔114〕　对于"维也纳（和柏林）圈子"道德哲学和法哲学的计划更详细的论述参见 E. Hilgendorf, Zur Philosophie des frühen logischen Empirismus. Ein Problemaufriß, in：ders. (Hg.), Wissenschaftlicher Humanismus（第三部分脚注4），S. 378-414.

〔115〕　K. P. Popper, Ausgangspunkte. Meine intellektuelle Entwicklung, 1979, S. 121.

一些问号理解的命题）。批判理性主义者无论如何不
会被理解为实证主义者并且因此认为捍卫实证主义   61
并不是必需的。

在法律和哲学中对实证主义的传统抵触情绪被
新法理论家不经检验地接受，这不仅表明有理智的
好奇心（intellektueller Neugier）的缺失，而且也反映
了批判能力的不足。此外在专业哲学中逻辑实证主
义遭受了同样的命运，一如它在维也纳（柏林）圈
子中出现时那样。对两门科学的历史研究能够通过
修正对实证主义的偏见逐渐展开。[116] 然而这个澄清
工作当然还没有结束。

11. 法律逻辑学和道义逻辑

在法律之中和之外每个有序的论证，都以遵守
逻辑规则为前提。显而易见，在法学中这总是毫无
争议的。"反逻辑学"思潮，例如在自由法理论、法
律修辞学中或者在部分法律女权主义文献中，[117] 能
够对于法律中有序的逻辑论证之基本尊重不产生怀

---

〔116〕 Vgl. etwa R. Haller, F. Stadler（Hg.），Wien – Berlin – Prag. Der
Aufstieg der Wissenschaftlichen Philosophie, 1993; F. Stadler, Studien zum
Wiener Kreis. Ursprung, Entwicklung und Wirkung des Logischen Empirismus
im Kontext, 1997.

〔117〕 Zu letzterem vgl. Higendorf Sinn und Unsinn geschlechtsspezifischer
Differenzierungen（本部分脚注 100），S. 125 f. m. w. N.

疑。然而很少被澄清的是，一种服务于法学目的的逻辑学是如何苛求的（anspruchsvoll）。在传统方法论中居于支配地位的是这种观点，经典的三段论对于法律适用的逻辑分析来说无论如何是够用的。乌尔里希·克卢格在 1951 年出版了《法律逻辑》（Juristische Logik）[118]，在其中他紧密效仿希尔伯特（Hilbert）和阿克曼（Ackermann）的逻辑学教科书[119]，将现代命题逻辑和谓词逻辑用于法学。此外他认为法学特殊的规范性和在其中出现的语句（sätze）的问题能够被忽略。

70 年代早期以来这个立场陷入批判中。为了能够恰当地阐述和分析法学的特定问题，不是命题逻辑和谓词逻辑，而是一种具备自身特色的规范语句（Präskriptiver Sätze），逻辑是必需的。[120] 作为最有可能的候选者，道义逻辑由此出现，[121] 它对于法学的实际功效，在专业哲学家和科学理论家参与

[118] U. Klug, Juristische Logik, 1951, 4. Aufl. 1982.

[119] D. Hilbert, W. Ackermann, Grundzuege der Theoretischen Logik, 3. Aufl. 1949.

[120] J. Rödig, Über die Notwendigkeit einer besonderen Logik der Normen, in: Jahrbuch für Rechtssoziologie und Rechtstheorie 2 (1972), S. 163–185.

[121] 许多被使用的标准阐述参见 D. Follesdal und R. Hilpinen, Deontic Logic. An Introduction, in: R. Hilpinen (Hg.), Deontic Logic. Introductory and Systemativ Readings, 1970, S. 1-35.

下[122]，在 70 年代被热烈地讨论。[123] 所谓"约根森
式的困境"（"Jörgensen'sche Dilemma"）成了讨论的
一个重点。[124] 当然道义逻辑在不同程度上被接
受[125]；通常人们使用命令因子和禁止因子（Gebots-
und Verbotsoperatoren）就足够，不用寻求与位于道义
逻辑背后的模态逻辑（Modallogik）及其复杂的技术
设置（Apparat)[126] 之合作。例如汉斯－约阿希姆·
柯赫（Hans－Joachim Koch）和赫尔姆特·吕斯曼
（Helmut Rüßmann），借助一种只是增加了道义因子
（deontischen Operatoren）"命令""禁止"和"允许"
的谓词逻辑，就成功地描述了传统法律适用模式。[127]

对于这种节制存在一个有说服力的理由：直到

---

〔122〕　Vgl. bes. H. Keuth, Deontische Logik und Logik der Normen, in：
H. Lenk（Hg.），Normenlogik. Grundprobleme der deontischen Logik, 1970,
S. 64-88；ders., Zur Logik der Normen, 1972；F. von Kutschera, Einführung
in die Logik der Normen, Werte und Entscheidungen, 1973.

〔123〕　O. Weinberger, Rechtslogik, 1970, 2. Aufl. 1989.

〔124〕　对此最终参见 P. Holländer, Rechtsnorm, Logik und Wahr-
heitswerte. Versuch einer kritischen Lösung des Jörgensen'schen Dilemmas,
1993, m. w. N.

〔125〕　可作为典范的是 R. Alexy, Die logische Analyse juristischer Ents-
cheidungen, in：ARSP-Beiheft 14（N. F.），1980, S. 180-212.

〔126〕　Vgl. etwa L. Aqvist, Introduction to Deontic Logic and the Theory
of Normative Systems, 1987.

〔127〕　H. － J. Koch, H. Rüßmann, Juristische Begründungslehre. Eine
Einführung in Grundprobleme der Rechtswissenschaft, 1982, S. 48 ff. 这本书
描述了一个最令人印象深刻的法律与现代逻辑之间紧密合作取得丰硕成
果的凭证。

今天为止没有被澄清的是，将道义的或其他的特殊逻辑转用到法律上，其价值何在。恩吉施[128]在40年代就已经指出，法学家核心的推理模式——"法律适用的三段论"，无需符号语言的使用和成本过高的技术设置，通过真值确定的（wahrheitsdefiniten）命题逻辑重构，即可让法律适用过程中的根本问题暴露出来。作为数学基础学科推进的道义逻辑无疑来自于大量独立的兴趣（Interesse）。然而对于法理论而言决定性的是这个问题：通过哪些逻辑辅助手段能够澄清或者甚至解决哪些真正的法律问题。由于这些问题绝不会在一种还可以达成共识的方式中得到回答，法律中的逻辑基础研究在20世纪80年代陷入僵局，直到今天还没有找到出路。

奥塔·魏因伯格（Ota Weinberger）似乎是唯一试图以一种根本的方式处理这个问题的法逻辑学家。根据他的观点，逻辑学对于法学的重要性体现在如下领域[129]："法律的结构理论；法教义学理论；法律判决的获得及其所根据的理论；法律解释理论；制定法理论的某个领域；法律信息学，包括法律生

---

〔128〕 Engisch, Logische Studien zur Rechtsanwendung（第三部分脚注37），dazu Hilgendorf, Argumentation in der Jurisprudenz（本部分脚注23），S. 32 ff.

〔129〕 O. Weinberger, Recht und Logik, in: Grimm, Rechtswissenschaft und Nachbarwissenschaften（第三部分脚注63），Bd. 2, S. 80-104（101）.

活范围内的自动化问题"。然而魏因伯格也没有弄清楚，与简单的真值确定的（wahrheitsdefiniten）命题逻辑和谓词逻辑相对的道义逻辑之优势应该确切位于何处。他注意到逻辑的容忍原则（Toleranzprinzip）并且强调同一个法条能够通过完全不同的方式被解释[130]：

> "法条的法律理论并不想要对制定法和法律行为实际使用的语言表达方式作出一个规定，而是——像现代逻辑学一样——对法条进行理性重构。如当人们将一般有前提的规范条文（Bedingungsnormsatzes）规定为法律规则的基本结构时，那么据此不应说的是，制定法实际上以这种形式被草拟，并且它们应该如此被草拟或者只能如此逻辑正确地被草拟。依据分析法学家的这种规定只能说，当一般的涵摄条件及其规范后果是确定的时，法律制度的整个体系能够被视为一般性规范条文的总和并且所有制定法内容都能全部得到规定。"

因此对于魏因伯格来说法律中逻辑学的使用既没有纯描述性的（beschreibenden），也没有纯规定性

---

[130] A. a. O., S. 101.

的（vorschreibenden）特征，而是阐述了一种分析行动的"理性重构"。值得注意的是，魏因伯格谈及"规定"法律规则的基本结构。规定服务于一定的目的。一个阐述会如何多变——并且因此复杂，因此取决于各个作者遵循的目的。这些能从分析哲学研究的一个基本规则得出，它远比更狭义意义上的分析哲学更为古老：避虚就实。[131] 直接地说就是，人64们不应该使他们的概念和理论比必须解决的事实问题更复杂。70年代和80年代早期的一些法律逻辑学家似乎并没有足够重视这个基本规则。

12. 法律信息学

法理论认可与从60年代早期以来发展的法律信息学的紧密关联，这是法律信息学一定程度上像"应用法理论"一样被推进所致。[132] 为了处理在教义学各学科（Einzelfächern）中不再一目了然的法律素材（Rechtsstoff），法理论应该为"合适的编程体

〔131〕 在哲学家威廉·冯·奥卡姆（Wilhelm von Ockham, 1280/85-1347/1349）之后，人们也谈论"奥卡姆的剃刀"，尽管通过奥卡姆在生的上述表述没有被找到。

〔132〕 因此在由A.考夫曼和W.哈斯默尔出版的文集《当代法哲学与法律理论导论》（第三部分脚注48）中它直到1994年第6版才被一同处理，参见《电子数据处理与法律——法律信息学》，出处同上，第504~542页。在2004年第7版中法律信息学被删除并且代之以生物伦理学的阐述被采纳。

系"做好准备。[133] 通常 1970 年被确立为法律信息学
的诞生年份，施太穆勒（Steinmüller）的《电子数据
处理与法律》（EDV und Recht）、费德勒（Fiedler）
的《法律信息学》（Juristische Informatik）系列论文
和哈夫特（Haft）的《法律中的电子数据处理》
（Elektronische Datenverarbeitung im Recht）研究法律
信息学的三个导论几乎同时出现。先驱者是洛彬格
（Loevinger）一篇 1949 年已经在美国出版的关于法律
计量学（"Jurimetrie"）的论文，此外还包括恩吉施、
克卢格和费德勒关于法律逻辑学的著作以及最终由
伯德勒西（Podlech）和希弥提思（Simitis）在 60 年
代早期构思的《法律控制论》（Rechtskybernetik）。[134]

　　法律信息学自始存在两个面向：在其实践面向
的形式中它从事于行政部门的自动化、法律数据库
（例如 JURIS）和（从 70 年代晚期以来）法律学习
系统与专家系统的发展。属于法律信息学的实践面
向还有坚持不懈的数据保护研究，它最终在 1983 年

---

〔133〕　因此这个要求可参见 I. Tammelo，Was ist von der Rechtstheorie
heute zu erwarten?，in：Rechtstheorie 11（1980），S. 9–15（15）.

〔134〕　法律信息学历史的证明参见 H. Fiedler，Rechtsinformatik als In-
tegrationsdisziplin，in：E. Schweighofer u. a.（Hg.），Zwischen Rechtstheorie
und e – Government. Aktuelle Fragen der Rechtsinformatik 2003，gewidmet
Friedrich Lachmayer，2003，S. 33–41（35 ff.）；W. Steinmüller，Information-
stechnologie und Gesellschaft. Einführung in die angewandte Informatik，1993，
S. 135–141.

于联邦宪法法院对于"信息自治"的基本法认可中
65 达到顶峰。[135]

　　另外一个法律信息学的理论面向研究法律方法
论的传统问题，尤其是制定法的确定性（Gesetz-
esbestimmtheit）[136] 或法律判决之发现这些方面并且
以现代科学理论和逻辑学为媒介讨论它们。因此对
法律"公理化"的意义和无意义争论和对"模糊逻
辑"（"Fuzzy Logic"）的适用可能性争论一样。为了
使电子数据处理的法律判决之发现成为可能，法律适
用的规则和主要的偏离状况（Weichenstellungen），相
比于传统文献中出现的，必须从根本上更准确地被
强调。沃尔夫冈·祁连（Wolfgang Kilian）在"法律
判决和电子数据处理"的名目下详细讨论了到目前
为止的法律适用模型并且将它们与现代化的电子数
据处理要求相对照。[137] 他将经济的决定理论（Entsc-
heidungstheorien）也包含在其分析中。结果——机器
虽有高度精确化的法律判决过程也不能替代法官——

〔135〕　BVerfGE 65, 1 ff.
〔136〕　例如参见使 H. 费德勒取得在大学授课资格的论文《制定法
构成要件道德确定性作为方法的和合宪性的问题》（Die Bestimmtheit der
gesetzli- chen Tatbestände als methodisches und verfassungsrechtliches Prob-
lem），没有年代（1969 年？）。在这篇遗憾没有通过印刷保留下来的论文
中，与现代语义学和逻辑学一样，费德勒注意到确定性问题的历史规模。
〔137〕　W. Kilian, Juristische Entscheidung und elektronische Datenverar-
beitung. Methodenorientierte Vorstudie, 1974.

虽然符合预期,但是它在这里首次通过观察电子数据处理的适用前提而被精确地奠定(begründet)。此外这个研究还指出,符合(Annäherung)电子数据处理的精确标准至少将法律判决之发现置于何种地位才是可能的。这本书因此通过并非主要对法律信息学感兴趣的法哲学家和法理论家发现了重大好处(großes Interesse)。[138]

电脑技术极其迅猛的进步妨碍了法律信息学的某种形式规范化(Kanonisierung),因为随着技术的变迁,连续不断地深刻变化也在学科的校准(Ausrichtung des Faches)中发生。就此而言法律信息学从根本上与教义学学科和古典基本学科有区别,这些基本学科能够对基本问题和类型的坚固核心提供一种解决性建议(Lösungsvorschlägen)。[139] 但是与 60 年代和 70 年代其他法理论次级学科不同,对于法律信息学的兴趣在 80 年代并没有持续下降;尽管它在牢固的制度化方面也只是取得部分成功,它还是一再

66

〔138〕 Vgl. etwa F. Wieacker, Rechtsgewinnung durch elektronische Datenverarbeitung?, in: Festschrift fuer Ernst von Caemmerer zum 70. Geburtstag, hg. von H. C. Ficker u. a. , 1978, S. 45 – 71, ND. in: ders. , Ausgewählte Schriften, Bd. 2: Theorie des Rechts und der Rechtsgewinnung, 1983, S. 172 – 194.

〔139〕 二者对于标准教科书的形成是必要的前提,这些教科书在法律信息学中明显缺失。

影响法律的发展。除了数据保护和"信息自治权"（"Recht auf informationelle Selbstbestimmung"）外，在今天被激烈讨论的"信息权"（"Informationsrecht"）的意义属于其最重要的产物。

五、接受遗漏

在 1965 年和 1985 年之间被探讨的不同接受领域
（Rezeptionsfelder）是如此令人感兴趣，因此几乎同样
令人感兴趣的是这个问题：哪些主题群（Themenk-
omplexe）和思潮被略过了。在此只能做一些提示：

1. 逻辑经验主义和斯堪的纳维亚法律现实主义

尽管分析哲学被热烈地接受，但是它直接的历
史起点——被国家社会主义者驱逐的维也纳（和柏
林）圈子的逻辑经验主义，几乎没人注意。对此一
个可能的原因是，逻辑经验主义在实证主义的争论
中不仅被"批判理论"的辩护人拒斥，而且也被批
判理性主义的拥趸谢绝。[1] 传统的斯堪的纳维亚法

---

〔1〕 对于阿尔伯特（和波普尔）对逻辑经验主义的态度，参见 Hilgen-
dorf, Hans Albert zur Einführung,（第三部分脚注7），S. 14 ff. und oben S. 60 f.

理论［阿克斯·哈格斯特霍姆（Axel Hägerstrom）、
维克特·伦德斯泰德（Victor Lundstedt）、阿尔福·
罗斯（Alf Ross）、曼弗雷德·莫里茨（Manfred Moritz）］也很少被注意，虽然在 70 年代晚近一代的斯
堪的纳维亚法理论家，例如奥利斯·阿尼欧（Aulis
Aarnio）、亚历山大·佩茨尼克（Alexander Peczenik）
和斯梯格·斯特罗姆霍尔姆（Stig Strömholm），存在
一个热烈的思想交流。至少斯堪的纳维亚法理论的
全部论述被出版了。[2]与此相反，罗斯的民主理论
和意识形态批判工作与莫里茨的逻辑—概念研究一
样不被关注，尽管它们在战后也被用德语出版了。[3]

2. 功利主义

杰罗米·边沁（Jeremy Bentham）[4]和约翰·斯
图亚特·密尔（John Stuart Mill）的功利主义构成了
1965 年至 1985 年法理论地图上的另一个"白色污
渍"。这些法理论家看来可能还没有从传统的、一直

〔2〕 J. Bjarup, Skandinavischer Realismus: Hägerstroem, Lundstedt,
Olivecrona, Ross, 1978.

〔3〕 Studien zum Pflichtbegriff in Kants Kritischer Ethik, 1951; Kants
Einleitung der Imperative, 1960; Über Hohfelds System der juridischen Grund-
begriffe, 1960; Das sog. Ross'sche Paradoxon. Interpretation und Kritik, 1973.

〔4〕 一个极少的例外是 H. Coing, Benthams Bedeutung für die En-
twicklung der Interessenjurisprudenz und der allgemeinen Rechtslehre, in:
ARSP 1968, S. 69-88.

可回溯到康德的对这个重要哲学流派的德国式反感 68
摆脱出来。没有意识形态的有色眼镜、从事功利主义
研究的少数作者之一是诺贝特·霍尔斯特（Norbert
Hoerster）。[5] 只需附带提及的是，几乎并不存在另
一个哲学思潮，像功利主义一样对法律的人性化贡
献如此之多。

3. 女权主义和后结构主义

还有一个显著的遗漏是理论的女权主义，除了
在政治学和社会学中，它在 1965 年和 1985 年间的法
律基本争论中几乎没有产生作用。[6] 何以如此的原
因在这里只能做推测。女权主义方法的批判潜力
（Potential）可能没有被释放出来。跨学科的要求也
曾经（以及现在）通过女权主义的建议得到满足。不
在少数的女权主义法律分析及其代表允许一种间隔的
"从外面看"（verfremdenden "Blick von außen"），它能
够迁就法理论家对于新观点的偏爱。此外拉康
（Lacan）或德里达（Derrida）的法国后结构主义几
乎完全不为人注意，可能主要和如下有关：后结构
主义者联想的、常常令人羡慕的富于想象的思维和

---

〔5〕 Utilitaristische Ethik und Verallgemeinerung, 2. Aufl. 1977.
〔6〕 对法律女权主义地位的更多论述可参见第四部分脚注 100。

写作风格与法律思维方式和论证方式互不相容。[7]

4. 非主流的社会学和社会学批判

尽管社会学和法律科学之间的关联在 60 年代和 70 年代早期特别多，然而法学家接受的努力主要在于从事对那个时代来说可直接利用的法律政治方面要求的社会学方法。经验导向的社会学方法［例如拉尔夫·达伦多夫（Ralf Dabrendorf）的角色理论[8]］或者拥护古典人文科学传统［弗里德里希·腾布鲁克（Friedrich Tenbruck）[9]］和批判新"政治的"社会科学（恩斯特·托庇茨[10]）这样的（方法）早已经在很大程度上被忽视了。这对于像弗里德里希·奥古

69

〔7〕 对于批判只参见 K. Laermann, Lacancan und Derridada. Über die Frankolatrie in den Kulturwissenschaften, in: Kursbuch 84 (1986), S. 34–43; 对索卡事件的解释参见 A. Sokal, J. Bricmont, Eleganter Unsinn. Wie die Denker der Postmoderne die Wissenschaften missbrauchen, 1999.

〔8〕 R. Dahrendorf, Homo sociologicus. Ein Versuch zur Geschichte, Bedeutung und Kritik der Kategorie der sozialen Rolle, 1959, 15. Aufl. 1977; vgl. auch H. Popitz, Der Begriff der sozialen Rolle als Element der soziologischen Theorie, 1967.

〔9〕 F. H. Tenbruck, Zur Kritik der planenden Vernunft, 1972; ders., Die unbewaeltigten Sozialwissenschaften oder: Die Abschaffung des Menschen, 1984.

〔10〕 E. Topitsch, Sozialphilosophie zwischen Ideologie und Wissenschaft, 1961, 2. Auf. 1966; vgl. auch S. Andreski, Die Hexenmeister der Sozialwissenschaften. Missbrauch, Mode und Manipulation einer Wissenschaft, 1974. Einflussreich wurde der von E. Topitsch herausgegebene Sammelband "Logik der Sozialwissenschaften", 1965, 12. Aufl. (zusammen mit P. Payer) 1993.

斯特·冯·哈耶克（Friedrich August von Hayek）[11]
或卡尔·波普尔[12]一样的、其他"政治上可疑的"
（"politisch verdächtige"）方法同样适用。

5. 经济学和自然科学

最后一个明显漏洞在于经济学方法的接受，当
它们在民法教义学中以"法律的经济分析"名义被
讨论时。这同样适用于像生物学这样的自然科学学
科，尽管其对于法律的特殊重要性首先从 80 年代以
来变得明显，[13] 例如在生物刑法学（Biostrafrecht）
中。[14] 尤其要强调的是在这种相互关联中恩斯特-
约阿希姆·拉姆佩（Ernst-Joachim Lampe）关于法律
人类学的工作。[15]

---

[11] F. A. von Hayek, Der Weg zur Knechtschaft, 1945（englisch-sprachige Oringinalausgabe 1944）; ders. , Die Verfassung der Freiheit, 1971（englischsprachige Originalausgabe 1960）.

[12] 除了波普尔的《开放社会》（第三部分脚注 59）之外尤其值得一提的是：Das Elend des Historizismus, 1965, 5. Aufl. 1979.

[13] 参见上面第 32 页。

[14] A. Osterlow, Biostrafrecht als neue wissenschaftliche Teildisziplin?, 2004.

[15] E. -J. Lampe, Rechtsanthropologie. Eine Strukturanalyse des Menschen im Recht, Bd. I, 1970; ders. (Hg.), Beiträge zur Rechtsanthropologie, 1985; ders. , Genetische Rechtstheorie. Recht, Evolution und Geschichte, 1987. Vgl. auch E, Hilgendorf, Rechtswissenschaft, Philosophie und Empirie. Plädoyer für ein naturalistisches Forschungsprogramm, in: Jus humanum. Grundlagen des Rechts und Strafrrecht. Festschrift für Ernst - Joachim Lampe zum 70. Geburtstag, hg. von D. Dölling, 2003, S. 285–300.

六、终结与收获

1. 新的问题

大约从 1985 年起新的问题开始受到重视。庞大并且不断扩展的"应用伦理学",例如生物伦理学以及其他像"媒体—伦理学"一样的"连字符伦理学",就属于这种新问题。与当前兴趣相关的其他问题领域是普遍正义或生态学问题的前提和界限。新的研究目标在 80 年代和 90 年代被创立的法哲学期刊的名称中被反映出来:《法律和伦理学年鉴》(Jahrbuch für Recht und Ethik)、《法哲学手册:法学、哲学和政治学的文集》(Rechtsphilosophische Hefte. Beiträge zur Rechtswissenschaft, Philosophie und Politik)或者《法与国家的跨学科研究》(Interdisziplinäre Studien zu

Recht und Staat）。[1] 改变后的问题要求政治评价并且因此不必只通过法理论方法答复。

观念还没有那么过时并且完全配得上"范式转换"之名是过渡时期的一个核心特征，是许多学者，尤其是晚近学者（der juengeren）对法理论强烈的敌对态度。法理论的分析和结构化建议不仅仅被描述为不完善的或没有效果的，而且常常处于"道德敌视"的质疑中。当新的（jungen）法理论家批评传统的（ältere）自然法创造的法哲学时（他们指责其通过传统道德观念进行伪科学掩饰），作为必要的修正，从 25 年前法理论的产生可以观察到的同样现象在此得到证明。[2]

2. 收获

最后的问题是 1965 年与 1985 年间法理论努力的收获。根据法哲学和法理论共同确认，一个与专业哲学相符的检验结果是：被国家社会主义者驱逐的分析哲学思潮再次在德国法律科学基础讨论中立足。[3]

---

　　[1]　这里涉及 1970 年直到 1993 年出版的《法理论和法社会学年鉴》改名的新结果。

　　[2]　也参见上面第 26 页。

　　[3]　Plümacher, Philosophie seit 1945（第三部分脚注 53），S. 294 ff. , 199 ff.

72 新的"背景哲学"("Hintergrundphilosphie")也并且恰好(auch und gerade)在法律博士论文文献中被研究并且试图为法教义学问题取得丰硕结果。[4]"德意志意识形态"被遏制并且哲学思想的西方影响力(westlichen Einflüssen)被打开。[5]考虑到法理论各个学科,收获可能更难以判断:

法律诠释学本身虽然几乎不再出现,但由它创造的概念,如"前理解"或者"法律适用的诠释学循环",为它在法律方法论中确立了牢固的地位。商谈理论通过晚近法哲学家也找到了拥趸,尽管它似乎失去了其作为认知伦理学的特性并且常常超出其传统契约、批判理性主义的定位,这种批判理性主义作为可靠伦理知识的备用方案(Alternative)要求一种自由和公开讨论的正确性检测(Richtigkeitskontrolle)。阿佩尔的命题——波普尔式"开放社会"的"批判框

〔4〕 显而易见在这里不可能对从20世纪60年代晚期以来在法律博士论文中新哲学和法理论思潮的接受作出全面概览。两个要求特别高的例子能够将上面表达的命题合理化:U. K. Kindhäuser, Intentionale Handlung. Sprachphilosophische Untersuchungen zum Verständnis von Handlung im Strafrecht, 1980(Diss. Freiburg 1979);und H. Schulze-Fiedlitz, Sozialplanung im Städtebaurecht:am Beispiel der Stadterneuerung, 1979(Diss. Augsburg 1977).这两部作品的选择可能意味着,选择一个新的"背景理论"的决心在刑法和公法中可能比在民法中更大。学科历史编纂将来有可能采纳这个主题。

〔5〕 Hilgendorf, Hans Albert zur Einführung(第三部分脚注7),S. 31-34.

架"（"criticist framework"）在一种认知伦理学的意义中寻找到了"最后根据"（"letztbegründen"），[6] 今天似乎被所有起主导作用的商谈伦理学家（Diskurs-ethikern）在法理论中放弃了。有些晚近法理论家似乎完全不知道，商谈哲学最初作为认知伦理学通过能够提供更可靠伦理知识得以建立。

尤其值得注意的是尤根·哈贝马斯的立场像变色龙一样地变化，他掌握了数十年以来社会哲学的当时实际趋势，它（社会哲学）在一种特有的术语中"重构"主要思想（tragenden Ideen），然后再次返回到意见市场（Meinungsmarkt）。通过这种方式他成功地从 60 年代中期以来一直保持在时代精神的高峰并且博得在这期间已经反映在专业讨论中的媒体的关注（Medienpräsenz）。最初作为马克思主义的，然后作为左翼自由主义的并且在此期间完全支撑国家的（staatstragender）知识分子，哈贝马斯将他的时代多样变化过程带到"观念中"（"auf den Begriff"）。没有任何人像他那样如此表现联邦德国特殊一代的主流文化[7]，它在文化和大众媒体中的支配地位从 60 年代晚期一直到今天却没有被削弱。

---

〔6〕 参见上面第 42 页脚注。

〔7〕 但是从东欧联盟垮台以及柏林墙倒塌以来，作为政治"左翼"或"右翼"的分类的选择明显减弱。

关于卢曼系统理论的检验结果是自相矛盾的：系统理论的词汇一方面不再出现在法律基础讨论和法教义学的所有语境中，另一方面似乎还成问题的是，法教义学中的系统理论是否是纯装饰品。[8] 法律逻辑学目前几乎没有发现需求。这尤其适用于其具体运用还没有怎么被澄清的"道义逻辑"。相反，法律信息学作为实践学科得到建立，尽管飞速前进的技术转变似乎持续地将学科推入根本危机（Grundlagenkrisen）中。

60年代与70年代法理论家的主要目标之一，即对被国家社会主义者驱逐的分析与经验哲学思潮的重新接纳，只是部分被实现。许多误解和未经反思的传统（例如对所谓"贫血的"、敌视改革以及非社会的实证主义）被保留（Vorbehalte）并继续存在。还需要更多着墨的是功利主义，在德国它始终无法摆脱罪恶的污名。[9] 在一定程度上导致取代整个传统的接受遗漏（Rezeptionslücken）属于这种曲解。因

---

〔8〕 相当令人可疑的是，例如 O. Lepsius, Steuerungsdiskussion, Systemtheorie und Parlamentarismuskritik, 1999, S. 35 ff., Gegenkritik bei M. Schulte, Eine Theorie der Gesellschaft und ihre "feinde", in: Rechtstheorie, 2001, S. 451-463.

〔9〕 Dazu Hilgendorf, Der ethische Utilitarismus und das Grundgesetz, in: W. Brugger (Hg.), Legitimation des Grundgesetzes aus Sicht von Rechtsphilosphie und Gesellschaftstheorie, 1996, S. 249-272 (250 f.).

此冯·洛特克（von Rotteck）、威尔克尔（Welcker）和罗伯特·冯·摩尔（Robert von Mohl）等名字所代表的古典早期自由主义（frühliberale）传统，到今天几乎被忽视。政治哲学的支点，从法哲学家的晚近一代看来，也始终是"经典作家"康德和黑格尔。卡尔·施米特被赞赏，汉斯·凯尔森和古斯塔夫·拉德布鲁赫被拒绝或忽视。尽管有一些努力，60年代和70年代的法理论家并没有成功帮助法律思维中的"其他传统"[10] 获得应有的重视。

有时法理论与新内容方面的问题被高度关联。这方面的一个例子是1999年由朱利安·妮妲-吕梅林（Julian Nida-Rümelin）和迪特玛·冯·蒲福德（Dietmar von der Pfordten）出版的著作《经济伦理学和法理论》（Ökologische Ethik und Rechtstheorie）。[11] 恰恰在生物伦理学领域中人们发现了由专业哲学家以分析哲学方式书写的并且也是从许多法学产品中挑选出来的著作。[12] 这常常涉及准确表达、系统探究以及批判来自（传统）法教义学或神学的论证。在此期间法学家也热烈参与了这些努力；对此一个杰出

74

---

〔10〕 Kritische Justiz（Hg.），Streitbare Juristen. Eine andere Tradition, 1988.

〔11〕 2. Aufl. 2002.

〔12〕 例如这适用于迪特·比恩巴赫（Dieter Birnbacher）和C. F. 戈特曼（Gethmann）否认生物伦理学的著作。

的例证是莱哈德·默克尔（Reinhard Merkel）的论文《胚胎作为研究对象》（Forschungsobjekt Embryo）。[13] 这种跨学科接受和详细说明的努力之意义现在如此明显地增加，甚至法理论的又一次复兴出现了，这次是一种分析敏锐的论证理论。

　　如果人们从整体上观察法律的基础争论，那么非常明显的是，法理论将传统的形而上学体系大厦和神学原理挤压到了边缘。只要神学或形而上学的论证被表达出来，在所有情形中它们隐藏在宽泛和相应可被解释的宪法概念如"人的尊严"或"生命权"后面。对这些概念和隐藏在他们背后的论证之批判分析，在很大程度上可以回溯到法理论、更确定地说论证理论方法。一个可能与专业哲学发展相符的调查结果是，不仅法哲学而且法律方法都亲近分析哲学。法理论批判不仅在法哲学中而且在法律方法论中都带来了可观的理性收获。今天人们在法教义学和实践法学中发现了一种与法律经验意义的认识相关的、敏锐的方法意识。总体而言，1965年至1985年间法理论史因此——有保留地——完全可以被描述为效果史（Erfolgsgeschichte）。

---

　　〔13〕　R. Merkel，Forschungsobjekt Embryo. Verfassungsrechtliche und ethische Grundlagen der Forschung an menschlichen embryonalen Stammzellen，2002，mit Besprechung von Hilgendorf，in：GA 2004，S. 613 ff.

七、总结命题

（1）在过去 200 年的法律基础讨论中，"法理 75
论"概念作为新开端的代号被使用。基础导向的新
人（Neuerer）利用它从（当时）已建立的法哲学中
脱离出来。随着时间的流逝新的理念再次统一到法
哲学中，一直到下一个法理论浪潮出现。这种相互
关系的简便法则能够表达为：从法哲学到法理论并
且再次返回。

（2）由于法理论与法哲学之间发展的相互关联，
在历史的和概念之间并不存在明确区分，而是一个
移动的过渡。

（3）在过去 200 年至少可以区分三波法理论浪
潮：从 18 世纪到 19 世纪的转变，19 世纪后 25 年的
转变，以及 20 世纪 60 年代中期一直到 80 年代早期
的转变。

（4）60年代中期在法理论旗帜下出现的新开端意味着一种对直到现在为止既有的自然法和德国观念论创造的法哲学和传统法律方法论之厌弃。60年代晚期和70年代早期的法理论由于明确的批判因素特别突出。

（5）在法理论的转折点和60年代后半叶普遍思想运动之间存在密切联系。法理论的功能尤其在于表达和在一定程度上满足法学新的时代精神要求。法理论因此作为时代精神和法律之交汇点发挥作用。

（6）为了能够取代传统的方法理念和合法化模型，法理论提高抽象化水平或求助于相关学科。它因此以理论化和跨学科为目标。

（7）1965年至1985年之间法理论最重要的思潮是法律修辞学、法律诠释学、法律论证理论、法律商谈哲学、法律科学理论、法律与社会科学、系统理论、马克思主义和政治的法理论、纯粹法理论、法律逻辑学和道义逻辑学以及法律信息学。

76 （8）从经济学、社会学和法学三个专业出发可以确定的是，社会学的影响在1965年至1985年间法理论改革运动时期基本上超过了经济学。70年代一定程度上甚至令人担忧的是，社会学能够"接收"法律。与此相对的是经济学影响的边缘化。这同样适用于自然科学。

（9）极富影响力的是科学理论，更确切地说不仅包括社会科学的科学理论（阿尔伯特）还有自然科学导向的科学理论（施太格缪勒）。

（10）直到 70 年代中期，法理论主要以意识形态批判、分析和价值中立为目标。从 70 年代末期开始更多尝试新的价值理由和规范理由，因此法理论的转变开始回归法哲学。

（11）法理论最终没有实现其所有目标。对于法理论来说尤其不成功的是：被德国传统忽视的或者错误诽谤的思潮，如早期自由主义、自由实证主义或者功利主义，再一次在法律思维中隐身了。

（12）第 11 个命题在法律科学学科史书写的意义上也可以作如下表述：被约阿希姆·吕克特认为[1]狭隘的和片面的、由卡尔·拉伦茨和弗兰茨·维亚克尔撰写的历史——从刑法的视角人们还可以列举汉斯·韦尔泽尔，从公法的视角可能是恩斯特-鲁多夫·胡贝——基本上不会被超越。大部分法学家始终以一种主要在 20 世纪 20 年代和 30 年代早期产生的思想史发展模型为导向。

（13）1965 年与 1985 年间法理论的复兴导致法

---

〔1〕 Rückert, Kontinuitäten und Diskontinuitaeten（参见第三部分脚注 15），S. 145 ff.；vgl auch oben S. 27.

学今天根本的方法意识还像 50 年代和 60 年代早期一样行动并且共同反映了经验问题。法理论改革运动的主要成果也在其中。

（14）有待探究的是，方法意识的转变具体如何对许多构成法律的因素，立法、法律判决、行政和法教义学，产生作用，更确切地说，考虑各个法律部门学科和次级学科之特殊性。在当前研究的范围内这些无法得到回答,[2] 当然对我而言则似乎是一个值得继续探究的起点。

〔2〕 1975 年与 2000 年间的刑事立法，参见 E. Hilgendorf（unter Mitarbeit von Th. Frank und B. Valerius），Die deutsche Strafrechtsentwicklung 1975-2000. 特殊部分的改革和新挑战，参见 Th. Vormbaum，J. Welp（Hg.），Das Strafgesetzbuch. Sammlung der Änderungsgesetze und Neubekanntmachungen. Supplementband 1：130 Jahre Strafgesetzgebung-Eine Bilanz，2004，S. 258-380.

图书在版编目（ＣＩＰ）数据

1965—1985年法理论的复兴/（德）埃里克·希尔根多夫著；陈辉译.—北京：中国政法大学出版社，2021.4
ISBN 978-7-5620-9719-8

Ⅰ.①1… Ⅱ.①埃… ②陈… Ⅲ.①法的理论－研究－德国－1965-1985 Ⅳ.①D951.6

中国版本图书馆CIP数据核字(2020)第217753号

出 版 者	中国政法大学出版社
地　　址	北京市海淀区西土城路25号
邮寄地址	北京 100088 信箱 8034 分箱　邮编 100088
网　　址	http://www.cuplpress.com (网络实名：中国政法大学出版社)
电　　话	010-58908289(编辑部) 58908334(邮购部)
承　　印	固安华明印业有限公司
开　　本	850mm×1168mm　1/32
印　　张	4.75
字　　数	80 千字
版　　次	2021 年 4 月第 1 版
印　　次	2021 年 4 月第 1 次印刷
定　　价	30.00 元